「1日5分」で 下腹だけ、凹ませる！

岡部クリニック院長
医学博士
岡部 正

宝島社

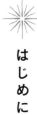

はじめに

「下腹ぽっこり」の正体は、皮下脂肪ではありません！

　時代の変化に合わせ、新しいダイエット法や痩せるためのメソッドが次々に登場しては話題になります。少し前までは、ご飯やパンなどの炭水化物を抜く糖質制限や、通常の食事の代わりに野菜や果物のスムージー、プロテインなどを摂取する置き換えダイエットなど、食事法によるダイエットが人気でした。現在は「筋トレ」がブームとなり、痩せるための目的はただ体重を減らすだけではなく、「美しいスタイル」に重点が置かれるようになりました。しっかり運動をして筋肉をつけ、健康的に美しいスタイルを保ちたいという方が増えるのは、とても喜ばしいことです。

　ボディメイクが重視されるようになったことで、シェイプアップのメソッドとして注目されているのは「パーツ痩せ」。「二の腕を引き締めたい」「太ももをほっそりさせたい」など、ピンポイントで体型の悩みを克服できれば、より理想的なスタイルが手に入ります。そんな悩みの中でもダントツで多いのは、「手足はそんなに気にならないのに、下腹だけがぽっこりしているのをなんとかしたい！」というものです。

実は、下腹ぽっこりの原因は脂肪ではなく、内臓を支えているインナーマッスルの筋力の低下であることがほとんどです。下腹ぽっこりを改善したいのであれば、今のブームに乗って、せっせと筋肉を鍛えるしかありません。

では、どの筋肉をどのように鍛えるのが正解なのか。その答えが本書にはあります。また、スタイルを維持したり、内臓脂肪をつけないための食習慣などもご紹介しています。とはいっても、「おいしいものを食べたい」「運動するのは面倒くさい」、これが皆さんの本音でしょう。しかし、痩せるのではなく、シェイプアップのためなら激しい運動は必要ありません。本書では、なるべく最小限の努力で、できるだけ最大限の効果が出る方法をお教えします。

ぜひ、あなたのスタイルの悩みを改善させるお役に立てていただければ幸いです。

岡部クリニック院長　岡部 正

下腹を凹《へこ》ませるための十か条

一、目的意識を持つ

痩せるための努力が長続きしないのは、意志が弱いからではありません。足りないのは強い意志ではなく強い動機。なぜ凹ませたいのかを最初に明らかにしましょう。

二、続けられないことはしない

何事も「継続は力」なりです。始める前に、長く続けられるかどうかということを考え、続けられそうなやり方を自分で見極めましょう。

三、無理な目標を立てない

「1か月で10kg減らす」など、無謀な目標は健康を害する恐れがあります。
また、あれもこれもと詰め込むような無理なプログラムも長続きしません。

四、最初からがんばりすぎない

「朝起きたら必ずエクササイズをする！」と決めつけると、
できなかったときに挫折しがちです。
できるときに少しずつ、できることから始めましょう。

五、体重よりもサイズに注目

エクササイズを続けると、まずはウエストなどのサイズが減ってきます。
体重にとらわれず、スカートやパンツのサイズがゆるくなったことを
実感することが成功の秘訣《ひけつ》です。

六、焦らずじっくり

エクササイズを続けていると
その効果が実感できない「停滞期」が必ず訪れます。
それは筋肉がつき、エクササイズのメニューに慣れた証拠。
そこであきらめずに焦らず続けましょう。

七、運動していることを免罪符にしない

いいことと悪いことを同時にやると「悪いこと」が勝ちます。
「運動しているからちょっとぐらい食べ過ぎてもＯＫ！」とはなりません。
悪いことを正しながら、いいことをやりましょう。

八、１分でも、毎日運動をする

たとえ多忙でも、隙間時間に

いつでも運動するという気持ちで取り組みましょう。
トレーニングができなくても「よく動く」ことを忘れずに。

九、ストレスをためない

体重増加の背景にはストレスが潜んでいることが多々あります。
ストレス解消に、つい間食が増えるので、
ゆっくり入浴したり、趣味の時間を持つなど、
日々、できるだけストレスをためない生活を心がけましょう。

十、腹八分目

食べ過ぎは肥満のもとです。一回の食事をよく噛んでしっかり味わって、
お腹から届く腹八分目の声に耳を傾け、早食いや食べ過ぎを防ぎましょう。

もくじ

PART 2

ストレッチと筋トレで下腹だけ、凹ませる！

PART 3 食生活を改善して一生「ぽっこり」しない

PART 4 「ぽっこり」しない生活習慣Q&A

PART 1

太っていないのに下腹だけがぽっこりしてしまうのはなぜ？

「下腹ぽっこり」の正体は、重力によってズルッと下がった内臓

私は長年、生活習慣病の治療と予防に関わる専門医として、多くの患者さんと接してきました。診療の中では、肥満やメタボリックシンドロームの人などを対象にダイエット指導も行っています。

意外に思われるかもしれませんが、肥満やメタボリックシンドロームの人の中には、下腹だけが太ってぽっこり前に出ているという人はまず見かけません。

脂肪は一つの場所に偏ってボコッとつくことがないので、**下腹に脂肪がついている人はそのほかのパーツも太って**います。

もし、あなたの下腹のぽっこりの正体が脂肪なら、お尻や太ももなど全身にまんべんなく脂肪がついて、下腹以外もふっくらしているはず。

そういう場合は「下腹ぽっこり」ではなく、お腹全体が「でっぷり」となります。

きっとあなたはそうではないからこそ、お腹まわりが気になっているのではないでしょうか? 下腹ぽっこりで悩んでいる人は、たいていが手足が細い痩せ型です。皮下脂肪すらほとんどないという場合もあります。下腹以外は気にするほど太っていないため、出っぱった下腹だけが悪目立ちをして気になるだけなのです。

特に若い女性は悩むほどの体型ではないのに、「自分は太っている」と思い込んでダイエットをしている人が多いようです。

しかし、**下腹のぽっこりが脂肪でないなら、いくらダイエットをしたところで結果は出ません。**それどころか、ますます状況が悪くなってしまう可能性すらあるのです。

では、「ぽっこり」の正体とは何なのでしょう。

それはズバリ、本来のあるべき位置からズルッと下がってしまった内臓です。

いったいなぜそのようなことが起こってしまうのでしょうか? 原因はいろいろとありますが、ほとんどの場合は筋肉の衰えにあります。

そのメカニズムについては、このあと詳しく解説します。

筋肉を強化する以外に「下腹ぽっこり」を解消させる方法はない

腹部には消化器や泌尿器など、たくさんの内臓が収まっています。

脳は頭蓋骨に、心臓や肺は胸郭に包まれて守られていますが、腹部にある内臓は骨によって守られていません。なぜかというと、蠕《ぜん》動《どう》運動（収縮しながら内容物を運ぶ働き）が盛んな胃や腸などの消化器の動きを妨げないようにするためです。

その代わりに皮下脂肪と筋肉が腹部の内臓を守っています。

中でも筋肉は、内臓がずり落ちないように支える役目を持っており、腹部と背中、骨盤の底にある**インナーマッスルで、ガードルをはいているのと同じように立体的に内臓を包み込み、連動して支えて**います。

下腹ぽっこりは、このガードルの役割を果たす**筋肉が衰えたことで内臓を支えられなくなったために、重力によって内臓が下がって前にぽっこり出てきてしまった状態**です。食事によるダイエットでは体脂肪は減らせても、筋肉の強化はできないばかりか、ますます筋肉が落ちてしまうことさえあります。内臓を支える筋肉の力を取り戻さない限り、下腹のぽっこりは永遠に解消しないのです。

話は少し逸《そ》れますが、下腹ぽっこりを目立たなくし、体のラインを整えるために補正下着を着用しているという人もいるでしょう。実は、そういうものを使うと内臓を支える仕事を筋肉がサボるため、余計に筋肉は衰えてしまいます。

一時的に下腹ぽっこりはごまかすことができても、根本的な解決にはなりません。むしろ、「補正下着を脱いだら、さらにぽっこりしていた！」なんて事態にもなりかねません。

下腹ぽっこりを解消するためには、内臓を支える筋肉をコツコツ鍛えるしかないのです。

インナーマッスルは、ガードルと同じ！

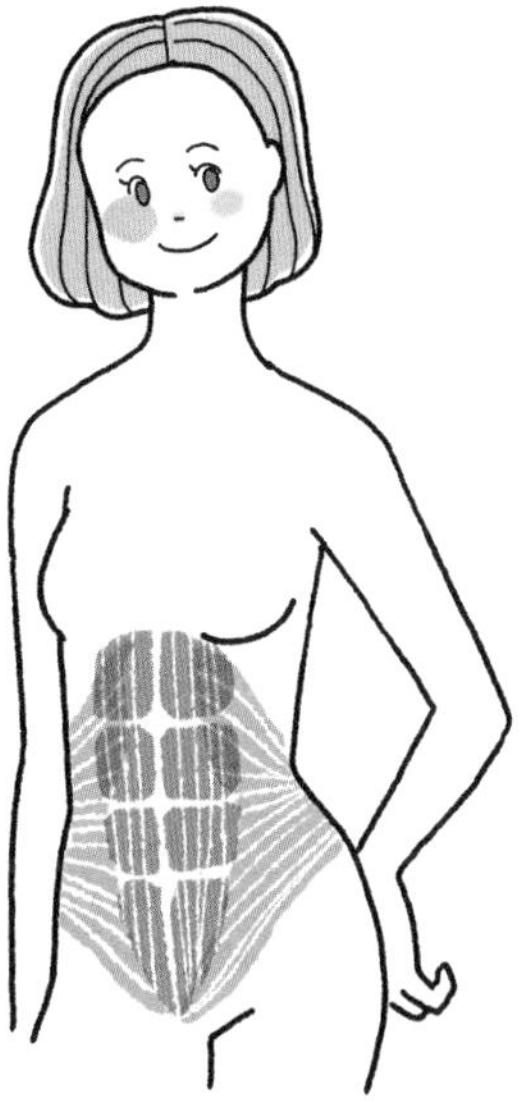

加齢とともにぜい肉がつく場所が変わるのも筋力の低下が原因

筋肉の衰えは、下腹ぽっこりを引き起こすだけでなく、女性のボディラインや健康にさまざまな影響を及ぼします。

「体重は昔と変わっていないのに、年々ぜい肉がつく場所が変わる」という話をよく聞きますが、これも筋肉の衰えによるものです。

女性は35歳くらいから徐々に筋肉量が落ちていきます。

その代わりに増えるのが脂肪です。

定期的に運動をする習慣があれば筋肉量を保つことができますが、運動習慣がない場合は日増しに筋肉量は減っていくばかり。でも体重は変わらないのだとしたら、**筋肉が落ちた分が脂肪に変わっている**ということです。

筋肉には体を引き締め、ボディラインをきれいに見せるという役割もあるので、筋肉量が減ってしまえば引き締めるものがなくなり、増えた脂肪で体はゆるんでいき、当然ボディラインも崩れてしまいます。

「昔と違うところに肉がついている」と感じるのはそのせいなのです。

裏を返すと、**筋肉さえ維持できれば、美しいボディラインをキープできる**ということ。下腹ぽっこりの悩みを抱えている場合、運動習慣がないという人がほとんどだと思います。昨今の筋トレブームにのって、せっせとトレーニングをしているという人はほぼいないでしょう。おそらく、圧倒的に筋肉量が足りていないと思われます。

しかし、筋肉は使わないと衰えますが、運動さえすれば、いくつになっても鍛えることができます。

方法については次の章で詳しく説明しますが、汗をダラダラかくような**ハードな運動をする必要はなく、いたって簡単なエクササイズでOK**です。

「運動なんておっくうだな」と思うかもしれませんが、食事によるダイエットで食べたいものを我慢してストレスをため込むより、少しだけでも体を動かしたほうが気分も爽快です。

「下腹ぽっこり」のタイプは4つ。少しずつ対処法が異なる

下腹ぽっこりの原因のほとんどは筋肉の衰えによるもの。この点に間違いはないのですが、さらに分析していくと年齢や生活習慣などにより、ぽっこりのタイプが微妙に異なります。大きくは、次の4つのタイプに分けることができます。

タイプ1　下がった内臓によるぽっこり

内臓を支える筋肉が衰え、下腹に内臓が下がってきてぽっこり出てしまいます。手足は細いのに、下腹だけがぽっこりと目立つことも。傾向として、中年女性よりも若い世代に多く当てはまります。

タイプ2　姿勢の悪さや骨盤のゆがみによるぽっこり

姿勢を保つ筋力の低下で、猫背の姿勢がお腹を圧迫し、それを腹筋が抑えきれずに

下腹がぽっこり出てしまいます。

タイプ3　便秘やお腹にたまったガスによるぽっこり

便秘が原因。便が排出されず、腸に詰まって下腹がぽっこりした状態です。ぽっこりの正体がガスの場合もあります。

タイプ4　内臓脂肪によるぽっこり

体全体に脂肪がついて、なおかつ下腹がぽっこりしているタイプ。閉経後の女性に多いのが特徴です。

下腹ぽっこりの解消をするにも、タイプによって少しずつ対処法が変わります。PART2のトレーニングに入る前に、4つのタイプをさらに詳しく解説します。ご自身がこの4つのうちのどのタイプに当てはまるのか、次ページからのチェックリストを参考にしてみてください。

タイプ1

下がった内臓によるぽっこり

チェックリスト　３つ以上チェックがついたら要注意です。

- □ ＢＭＩの数値では「痩せ」に相当、もしくは標準体重以下なのに下腹だけがぽっこり出ている
- □ 特に食後に下腹がぽっこり出ていると感じる
- □ 肉や魚などのタンパク質が苦手
- □ 一度にたくさん食べられず、少量の食事でも満腹感を得やすい
- □ 胃がムカついたり、胃もたれすることが多い
- □ 運動習慣がない

痩せている女性に圧倒的に多い

内臓を支える筋肉が衰えると、内臓が正常な位置から骨盤の底まで垂れ下がるように落ち込み、下腹がぽっこり出っぱってしまいます。本来、胃はみぞおちのあたりに位置していますから、正常な場合、食後はみぞおちのあたりがふくらみ、下腹が出ることはありません。しかし、内臓が定位置から下がると、下腹のあたりまで胃が垂れ下がってしまうため、食事をしたあとは食べたものの分量だけふくらみます。

最初のチェック項目に出てくるＢＭＩとは、ＷＨＯ（世界保健機関）が発表した世界共通の体格指数のことです。

ＢＭＩは次の計算式で割り出すことができます。

ＢＭＩ＝体重（kg）÷〔身長（m）×身長（m）〕

ＢＭＩの基準値では22が標準とされていて、18・5未満が「痩せ」に該当します。

チェックリストからわかる通り、このタイプの特徴は「痩せている」ということです。このタイプの人は、胸ヤケや胃もたれのため、一度にたくさんの量を食べることができません。そのために痩せているという考え方もできます。

内臓下垂《かすい》は胃腸の不快感を引き起こし、栄養の吸収も妨げる

内臓の下垂は胃腸の働きにも影響を及ぼします。

内臓が正常な位置にあれば、消化器の蠕動運動は何ものにも邪魔されることなく活発に動きますが、下垂したことで蠕動運動が妨げられます。

すると、胃腸の働きも低下し、食べたものがうまく消化されず、栄養も十分に吸収できません。

さらに、消化力の低下は、食べたものが胃に留まった状態を長引かせ、食後に胃もたれや胸ヤケを起こしやすくなります。

特に、肉や魚などのタンパク質や、脂っこいものは消化に時間がかかるため、苦手という人も多いようで、つい甘いものや炭水化物に手を出しがちになります。

若いうちに筋肉をつけておけば、スリムな体型の維持も夢じゃない

いわゆる胃下垂と言われる人もこのタイプに該当します。

「胃下垂だから太らない」という話を聞きますが、そうではなく「痩せているから胃下垂になる」のです。「いくら食べても太らない」とタカをくくって好きなものばかり食べていると、**中年以降に内臓脂肪が増えて肥満になる**恐れがあります。

ちなみにお腹に内臓脂肪がついていれば、筋肉がなくても代わりに脂肪が内臓を支えるため、内臓が下がることはありません。女性の場合は、閉経後の50代くらいから内臓脂肪がつきやすくなります。

そうすると脂肪が内臓を支えるようになるので、内臓の下垂はなくなります。そんなわけで、このタイプは閉経前の女性に多いと言えます。

このタイプの解消法はストレッチと筋トレです。考え方によっては、若いうちに運動習慣を生活に取り入れ、継続することで、閉経後もスリムな体を維持することが可能になります。ただし、筋肉の原料となるタンパク質をとることも忘れずに。

タイプ
2

姿勢の悪さや骨盤のゆがみによるぽっこり

チェックリスト　３つ以上チェックがついたら要注意です。

- □ 猫背だと感じる
- □ 同じ側の脚ばかりを組んでしまう
- □ 荷物やバッグをいつも同じ側で持つ
- □ 長時間、連続してデスクワークを行うことが多い
- □ 肩こりや腰痛で悩んでいる
- □ 運動習慣がない

猫背の姿勢で下腹ぽっこりはますます悪化する

チェックリストに挙がっている項目は、ほとんどが姿勢に関わる質問です。

姿勢が悪いと内臓が押されて、脂肪がついていなくても下腹がぽっこり出ているように見えてしまいます。

逆に言えばこのタイプは、**正しい姿勢を心がけるだけで、下腹ぽっこりがある程度解消される**場合もあります。

脚を組んだり、横座りをするクセがあると、骨盤の左右の高さが違っていたり、ねじれがあるなど、骨盤にゆがみが出る場合があります。

骨盤のゆがみは姿勢の悪さにつながるため、同じ側の脚ばかり組んだり、バッグを同じ側で持っているなら、意識して脚は組まないようにしたり、左右均等になるようにバッグを持つようにしましょう。

特に猫背の姿勢は下腹ぽっこりに大きく影響します。

猫背を続けると、腰が正しい位置よりも反《そ》ってしまい、立っていても座っていても骨盤が傾き、腹筋は使われなくなります。

あごは前に突き出て、背中が丸くなり肩が前に出てきた分、胸が縮み、呼吸も浅くなります。さらにお腹は前に突き出たような状態になるので、痩せていてもぽっこりと太って見えるのです。これではどう見ても美しい姿とは言えません。

しかも、この姿勢は筋力を必要としないため、筋肉が衰えて内臓も定位置より下がり、下腹はますますぽっこりしてしまいます。骨格や骨盤もゆがんでしまうため、肩こりや腰痛も引き起こし、何一ついいことがありません。

骨格や姿勢が整うまではストレッチを重点的に

姿勢が悪いというのは、重力に逆らって体を支えている筋肉が弱っているということも考えられます。悪い姿勢で起こる下腹ぽっこりも、結局は筋力の低下が原因ということです。姿勢が悪いと骨格にゆがみが出ている場合があるため、いきなり筋肉を鍛えると体を痛めて逆効果になる可能性もあります。まずはストレッチをじっくり行い、骨格や姿勢が整ったことを確認してから筋トレを始めるといいでしょう。

姿勢の違いだけで、こんなにスタイルは違って見える

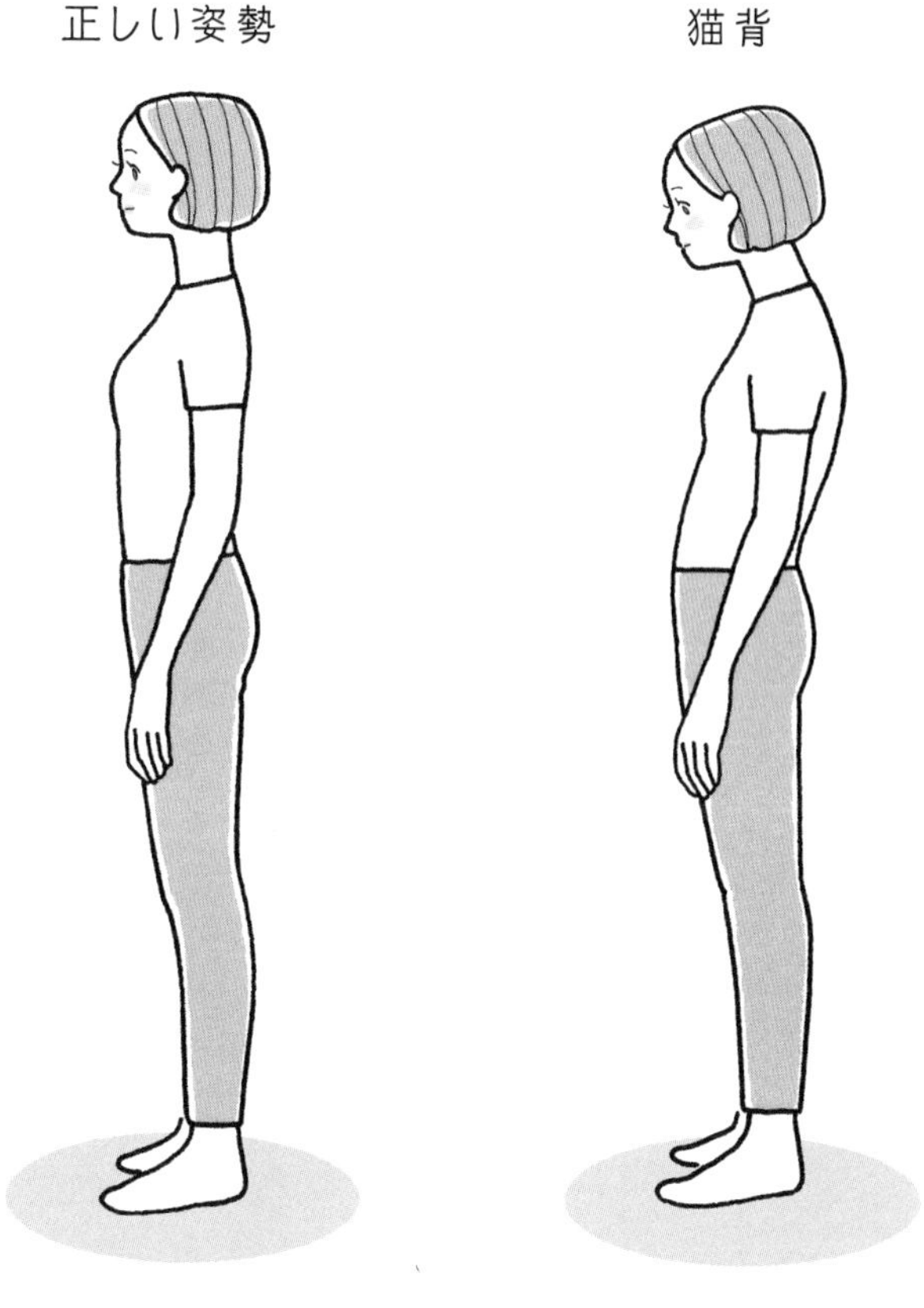

タイプ
3

便秘やお腹にたまった
ガスによるぽっこり

チェックリスト　３つ以上チェックがついたら要注意です。

□ 早食いである
□ 生活リズムが乱れがちで、ストレスが多いと感じる
□ 食べるものが偏っている
□ 3日以上排便がない
□ げっぷやおならが多く、お腹が張って苦しい
□ 運動習慣がない

便秘のおもな原因は食生活や生活習慣

便秘とは、排便回数が週3回未満か、便の量が極端に少なく排便のあともすっきりせずに残便感がある状態。排便があっても、硬くて思うように出なかったり、量が少ない場合も便秘と言っていいでしょう。

このように、排泄《はいせつ》されずに**腸内に残った便は、宿便となって慢性的に下腹をぽっこりさせる**原因になるだけでなく、長時間ため込まれた便は腸内で腐敗し、悪玉菌が増えて腸内環境はますます悪化。便秘を繰り返すという悪循環を引き起こします。チェックリストを見ると便秘のおもな原因は食生活が関連していることがわかります。

排便は、食べたものを出すメカニズムの一環なので、食べ物が重要な要素であることはすぐに理解できると思います。特に、便の材料となる食物繊維を含む野菜の不足や、ジャンクフードや肉ばかり食べているなど、**腸内環境を乱す栄養バランスの偏った食事には注意が必要**です。

また、ダイエット中で食べる量が極端に少ないなど、十分な量を食べていない場合も便となる材料が少ないため便秘になります。

さらに、1日3回、規則正しく食事をとることも重要です。

その中でも**朝食をちゃんと食べるか食べないか**は便秘に大きく関わります。便意がもっとも起こりやすい時間帯は朝食後。朝ごはんを食べることで就寝中に休んでいた胃腸の働きが活発になり、排便を促すスイッチが入るため、朝食を抜くとそのシステムがうまく機能しなくなり、便秘を招く原因となるのです。

便秘のぽっこりには食生活改善、ストレスケア、運動をセットで

食事以外で便秘を引き起こす原因となるのはストレスと運動不足です。

腸はとてもストレスに弱い臓器と言われ、人間関係や職場でのストレスを抱えていたり、環境に変化があると働きが鈍くなり、便秘の原因になります。

運動不足がなぜ便秘に関わるかというと、腸内の便を出すためには物理的に押し出

す力が必要だからです。

腸自体に筋肉はありませんが、腸が便を押し出すときの手助けをしているのが下腹のインナーマッスルです。**運動不足だと、この筋肉が衰えて押し出す力も弱まり、便秘を助長**するのです。

便秘のほかに、ぽっこりの原因は体内にたまったガスであることもあります。これは「腹部膨満《ぼうまん》」といって、飲み込んだ空気が原因です。**よく噛まずに早食いをすると、食べ物と一緒に空気を飲み込みやすい**ため、飲み込んだ空気が腹部にガスとしてたまり、お腹が張って下腹がぽっこりします。ストレスで神経質になったときも、知らず知らずのうちに空気を飲み込むことが多くなり、「腹部膨満」を引き起こすことがあります。

便秘やガスによる下腹ぽっこりの解消には、食生活改善、ストレスケア、運動の3つをセットで行うとより効果的です。

タイプ4

内臓脂肪によるぽっこり

チェックリスト　３つ以上チェックがついたら要注意です。

- □ 閉経している
- □ 間食や夜食が多い
- □ 食生活が不規則
- □ 18歳のときから体重が5kg以上増加している
- □ ウエストサイズが身長の半分以上ある
- □ 運動習慣がない

閉経後は内臓脂肪がつきやすくなる

内臓脂肪によるぽっこりタイプの人は、体全体に脂肪がついていて、なおかつお腹もぽっこりしています。

下腹だけではなく、お腹全体がぷよっとしているというケースもあるでしょう。一見太って見えない「**かくれ肥満**」の人もいるかもしれません。

このタイプは、若い人にはほとんどありません。なぜなら、若いときにつくのは、お尻や太ももにつく皮下脂肪で、内臓脂肪がつき始めるのは閉経後だからです。

閉経前の女性の体は、「エストロゲン」という内臓脂肪の蓄積を防ぐ女性ホルモンに守られています。そのおかげで若い頃は、太って皮下脂肪が増えたとしても内臓脂肪はつきにくいのです。

しかし、**閉経後は女性ホルモンのバランスが変化し、エストロゲンの分泌が減少**するため、運動もせずに若い頃と同じように食べていると、どんどん内臓脂肪が増えてしまいます。

砂糖たっぷりのスイーツを毎日のように食べていたり、カロリーの高い食事や、夕食を食べたにもかかわらずさらに夜食まで食べていると、あっという間に内臓脂肪でお腹全体がぽっこり。不規則な食生活も脂肪をつきやすくします。

お腹のぽっこりは「かくれ肥満」かもしれない

2008年から中年以降の健康診断にはメタボ健診が導入されましたが、メタボリックシンドロームと判定される基準は、女性の場合、「ウエストが90㎝以上であること」です。

これに引っかかる人はかなりの肥満です。だいたいの人はこの基準をクリアしてしまうため、見逃される「かくれ肥満」も大勢います。お腹のぽっこりが気になるなら、まずはご自身が「かくれ肥満」でないかを疑ってみてください。

私がお勧めしたい判定方法は、**若い頃の自分の体重と比較する**ことです。

人間の骨格や筋肉は女性なら18歳、男性なら20歳頃にできあがるため、当時、太っていたという場合を除いて、そのときの体重が自分のベスト体重と言えます。

ベスト体重から増えた体重が、余分な脂肪の重さです。この方法なら個人に合った判定が可能です。式にすると次のようになります。

現在の体重－18歳（男性は20歳）のときの体重＝増えた脂肪の重さ

ベスト体重との差が５kg未満なら大丈夫ですが、５kg以上の場合は要注意です。10kg以上増えていたなら、標準体重でも「かくれ肥満」の可能性があると言ってもいいでしょう。また、身長が１５０cmの人も１８０cmの人も、ウエストの基準が同じ90cm以上というのも、おかしな話です。チェックリストにも挙げたように、ウエストのサイズが身長の半分以上かどうかという自分基準で「かくれ肥満」を判定してみてください。

内臓脂肪によるぽっこりは、スタイルよりも先に、生活習慣病のほうが心配です。まずは**生活習慣と食習慣を見直し**、脂肪がついてしまう要素がどこにあるのか、しっかり自分の生活と向き合ってみてください。

さらに有酸素運動を中心に、毎日何かしらの運動をする習慣をつけること。そのうえでストレッチや筋トレに取り組みましょう。

原因は複合的であっても、すべてに共通する対処法は筋肉を増強すること

「下腹ぽっこり」のタイプ別チェックの結果はいかがでしたか？　**チェックが多くついたものが、あなたのタイプ**ということになります。「各タイプにまたがって、たくさんのチェックがついて驚いた」という人もいると思います。

実は、下腹ぽっこりの原因は複合的です。内臓が下がっていて、なおかつ猫背、さらにそこに便秘が加わっている……ということもあり得るのです。

4つのタイプのうち、すべてに共通するのは、運動習慣がないということ。従って、**どのタイプであっても筋肉量が低下している**ことが推測できます。このことからも、筋力の衰えが下腹ぽっこりの原因に大きく関わっているということがわかります。

下腹ぽっこりで悩んでいる人に、運動習慣がない場合が多いということは、運動が

苦手だったり、動くのがおっくうだったりするからではないかと思います。

ぽっこりをなんとかしようと思って、手っ取り早く食べ物を制限するダイエットを試してきたという人もいるかもしれません。

大前提として、食事によるダイエットで体のパーツを細くすることはできません。体脂肪は減らせても、下腹だけを凹ますダイエットは存在しないということを念頭に置いて、筋肉を増強する方向に頭を切り替えてください。

さらに言えば**食事を減らして痩せると、余計に筋肉量が減ってしまい悪循環**です。

4つのタイプの中で、少し対処法が違うのが「内臓脂肪によるぽっこり」です。タイプ別の解説でもお伝えしたように、「内臓脂肪によるぽっこり」は下腹だけでなく、そのほかのパーツもふっくらしています。もし今は肥満というほどではなかったとしても、放置すると生活習慣病のリスクが高まります。

PART3からの『食生活を改善して一生「ぽっこり」しない』も参考に、生活習慣のすべてを見直しましょう。

女性特有の病気の「下腹ぽっこり」は放置せずに婦人科へ

女性の場合、気をつけなくてはいけないレアケースがあります。

それは婦人科系疾患の下腹ぽっこりです。


これは私が実際に診療の中で遭遇したケースです。

あるとき、女性の患者さんが「下腹がぽっこりしているので痩せたい」ということで来院されました。

問診をしても、特に何の症状もなかったのですが、ご本人が悩むのも納得するほど下腹だけが異常に出っぱっていました。

「念のためCTを撮ってみましょう」と、撮影してみた結果、下腹のぽっこりの正体が判明。

それは5kgもの巨大な**卵巣嚢腫**《のうしゅ》だったのです！

卵巣嚢腫というのは良性の腫瘍のこと。症状がないことも多いので、この方のようにＣＴを撮るまで気づかないというケースもあります。

腫瘍が良性ではなく悪性、つまり、**卵巣がん**だった場合は、放置すると命に関わります。スカートやパンツのウエストが急にきつくなって「太ったかな？」と思っていたら卵巣がん末期の腹水だった、ということも実際にあるようです。

家族に卵巣がん患者がいるなど、卵巣がんのリスクがありそうな人は、「下腹ぽっこり」を放置せず婦人科を受診してください。

そのほか、子宮内膜によく似た組織が子宮の筋層《きんそう》内にできてしまう**子宮腺筋《せんきん》症**も、子宮が肥大化するため下腹ぽっこりが起こります。

個人差はありますが、生理痛が重かったり、出血量が多いなど、自覚症状がある場合は、婦人科で相談してください。

出産による骨盤の開きには、専門家による診断や施術が必要

出産経験のある女性の悩みとして多いのが、出産がきっかけで骨盤が開いたままになり、下半身が太って見えること。

この場合も、**骨盤が開くことで内臓が下がり、下腹ぽっこりを引き起こしている**ことがあります。

一般的に「骨盤が開く」と言われる状態は、骨盤の「上」が開いた状態です。出産経験がなくても、お尻の筋肉が硬くなると開いてしまいます。出産による骨盤の開きというのは、お尻の筋肉が硬くなって開く場合とは、その過程が少し違います。

出産のときには骨盤の「下」が開くので、産後は元の状態に戻るように骨盤ベルトで固定して締めます。生活しているうちに骨盤はだんだんと閉じてくるのですが、完全には元に戻りません。出産前と出産後で状態が一気に変わってしまうのです。

骨盤は構造上、下が締まると上が開き、上が締まると下が開くようにできているため、時間が経つと、今度はだんだんと骨盤の上が開いてきます。

すると、骨盤の受け皿が広くなるので内臓が落ちてくるのです。

出産による骨盤の開きが原因の下腹ぽっこりは、筋力の衰えによって起こる下腹ぽっこりとは少し対処法が異なり、まずは開いてしまった骨盤を締めないと先には進めません。

骨盤の開きにも個人差があるため、できれば専門機関で診断を受け、施術をするのが望ましいでしょう。

専門機関では空気圧を利用した機械で骨盤を締めるのですが、人によっては一度の施術で3～4cmも締まることがあります。どれだけ骨盤が硬くなっていても1cm程度は締まるようです。

さらに、骨盤を閉めたあと、まるで骨盤ベルトのように骨盤まわりについているインナーマッスルを引き締める筋力がないと骨盤はまた開いてしまいます。

しかし、産後は分娩のダメージで筋肉や関節が損傷している場合もあるため、いきなり筋肉を鍛えると体を痛めてしまう可能性もあります。人によってダメージにも差があり、状態によりトレーニングの内容も異なるため、対処の方法は千差万別。やみくもに筋トレで鍛えればいいという話ではありません。

ちなみに、お尻の筋肉が硬くなって開いた骨盤は、お尻の筋肉をストレッチによってやわらかくすることで締まってくることがあります。

PART2の「お尻のストレッチ」（82ページ）を試してみるといいでしょう。

PART

2

ストレッチと筋トレで下腹だけ、凹ませる!

筋肉の引き締め効果を高めれば、下腹は確実に凹む

ここでは、どんなエクササイズで「下腹ぽっこり」が解消するのか、具体的に解説します。

一般的に痩せるための運動には大きく分けて3種類あります。

○脂肪を燃やして持久力をつくる有酸素運動（ジョギング、ウォーキング、水泳など）
○筋肉を鍛えて増やし、体を引き締める筋力トレーニング（腹筋運動、ダンベルなど）
○筋肉や関節の柔軟性を高めて、ケガの予防や筋肉疲労を取り除くストレッチ

下腹ぽっこりの原因のほとんどは筋肉の衰えなので、エクササイズの中心は「筋力トレーニング」になるだろう、というのは容易に想像がつくと思います。

しかし、お腹が出ているからといって、やみくもに腹筋を鍛えればぽっこりが改善

されるわけではありません。特に猫背の人の場合は、むやみに腹筋を鍛えると、鍛えた筋肉に引っぱられて背中が丸くなり、かえって猫背は悪化します。

鍛えるのは、あくまでも内臓をガードルのように包み込んで支えているお腹の内側にある筋肉。いわゆるインナーマッスルと言われている筋肉です。

インナーマッスルはお腹の深層部に位置しているため、実は鍛えにくい筋肉です。普通の腹筋運動ではなかなか鍛えることができません。このように聞くと、すごくハードなエクササイズを想像されるかもしれませんが、そこは心配ご無用。

格闘家のようにムキムキになるほどに筋肉を鍛えるわけではないので、そこまでハードな運動はしなくても、**3つのストレッチと4つの筋トレを中心に、毎日5分程度のエクササイズで十分**です。

じっくり焦らずストレッチや筋トレに取り組むことで、気づけば筋肉がついていきます。すると、筋肉がまるでガードルをはいたかのような引き締め効果を発揮し、下腹のぽっこりは確実に凹むのです。筋肉には持ち上げる効果もあるので、ヒップアップやバストアップも期待できるでしょう。

ストレッチ＋筋トレがシェイプアップに効果的なしなやかな筋肉をつくる

下腹ぽっこりの原因は筋肉の衰えなのに、どうして筋トレのほかにストレッチも行う必要があるのかと、疑問に思った人もいるでしょう。

実は、筋肉は柔軟性を維持しないとうまく働きません。残念ながら、**筋肉を鍛えただけでは下腹は凹まない**のです。

そもそも筋肉は、骨とともに体を鎧《よろい》のように守って補強するものです。そのため増えた分だけ硬くなります。これは運動経験の有無にかかわらず、誰にでも起こる現象です。

しかも、筋肉はただ硬くなるだけではなくギュッと縮んで柔軟性を失い、その状態を記憶して固まってしまいます。当然、自由が利かなくなるため、筋肉があってもうまく使えないという状態に陥ります。**せっかく筋トレをしても、筋肉に柔軟性がなければ下がった内臓もそのまま**です。下腹のぽっこりは改善されずに何の効果も得られません。

その状態を解消するのがストレッチです。

筋肉は縮んだり緩んだりすることで血流がスムーズになり、こわばりが取れて柔軟性を取り戻す性質があります。リラックスしながらゆっくり時間をかけて、痛みのないところまで筋肉をじわっと伸ばすことで、筋肉のこわばりがほぐれていきます。

特に日本人は、腹筋が硬くなりやすいと言われているため、筋トレと同時にストレッチもセットで行うことで、筋肉の柔軟性を維持しながらお腹の筋肉も増やすことができます。この方法は、筋肉の引き締め効果をより実感できる効率的なエクササイズだと言えるでしょう。

また、ストレッチはどんな運動をする場合にも、準備運動として行われる安全性の高いものです。使っていなかった筋肉をストレッチでほぐしたり、関節をやわらかくすることでケガや事故の防止にもつながるため、これまで運動習慣のなかった人にとっても効果的です。筋トレの前と後にしっかりストレッチを行えば、ウォーミングアップと疲労回復にもなり一石二鳥です。

筋肉がつけばつくほど痩せやすい体に変身する

エクササイズを続けていると、筋肉量が増えて痩せやすい体質になるというメリットもあります。

人の体の中で、一番エネルギーを消費するのが筋肉だと言われています。筋肉を維持するためには、たくさんのエネルギーを必要とするので、食べたものはすぐに消費されてしまい脂肪が体に蓄えられにくくなるのです。

また、筋肉にはいくつか種類がありますが、種類によって脂肪の燃焼時間に違いがあります。特に、下腹を凹ますために鍛えるインナーマッスルは、外側にある大きな筋肉に比べて脂肪の燃焼時間が長いため、**インナーマッスルの割合が増えると効率的にカロリーが消費できる**ようになります。

さらに、女性の場合は、外側の筋肉を鍛えて大きくしてしまうと女子プロレスラーのようなたくましい体つきになってしまいますが、インナーマッスルを鍛えてもそう

人の安静時の代謝量

人は体を動かさなくても生命維持のためにエネルギーを消費します。それが基礎代謝です。下の円グラフは基礎代謝で使われるエネルギーの割合を各組織別に表したもの。エネルギーを使う割合が一番多い組織が筋肉であることがわかります。

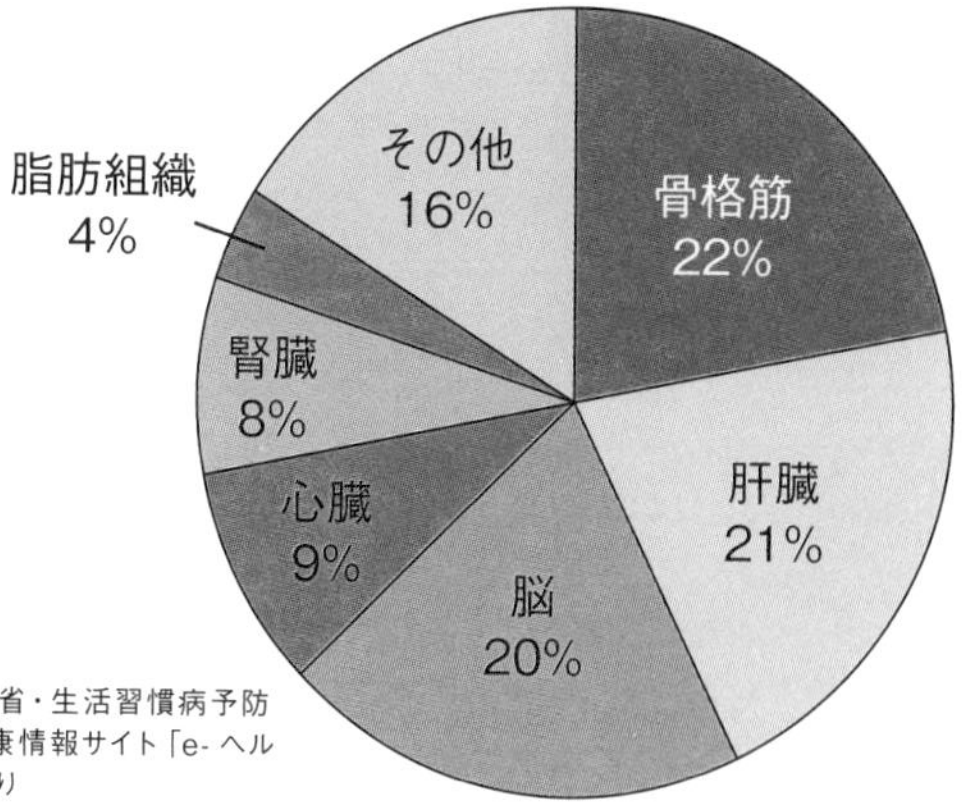

※厚生労働省・生活習慣病予防のための健康情報サイト「e- ヘルスネット」より

はなりません。

むしろ引き締め効果の高い筋肉なので、エクササイズを続けることでバレリーナのようにほっそりとしなやかなボディラインになります。

ただし、筋肉を鍛えても体重は減りません。

筋肉は脂肪よりも比重があるため、筋肉量が増えれば体重も増えます。体重を減らす目的で始めると「やめた！」となりがちなので、凹んだ下腹を鏡でチェックしたり、メジャーでウエストを測るなど、引き締まったサイズや見た目に注目しましょう。

衰えると「下腹ぽっこり」を引き起こす5つのインナーマッスル

下腹ぽっこりの改善にあたり、ターゲットとなる筋肉は左ページのような筋肉です。この**5つの筋肉は連動して働いて内臓を支えて**います。

皮下脂肪のすぐ下にある筋肉とは違い、体の深層部に位置するので、インナーマッスルとも呼ばれます。

内臓を正しい位置に安定させるだけでなく、体幹も安定させ姿勢の維持にも関わる筋肉なので、これらの筋肉が衰えていると下腹ぽっこりだけでなく姿勢も悪くなるのです。

効率よく筋肉をつけるには、ただエクササイズを行うよりも、「**今、どの筋肉が使われているのか**」を想像して意識したほうが、力も入れやすく効果も上がります。

筋肉の名称を覚える必要はありませんが、これらの筋肉のだいたいの位置や働きは、なんとなく頭に入れておくとイメージしやすいでしょう。

下腹ぽっこりの改善でターゲットとなる 5つの筋肉

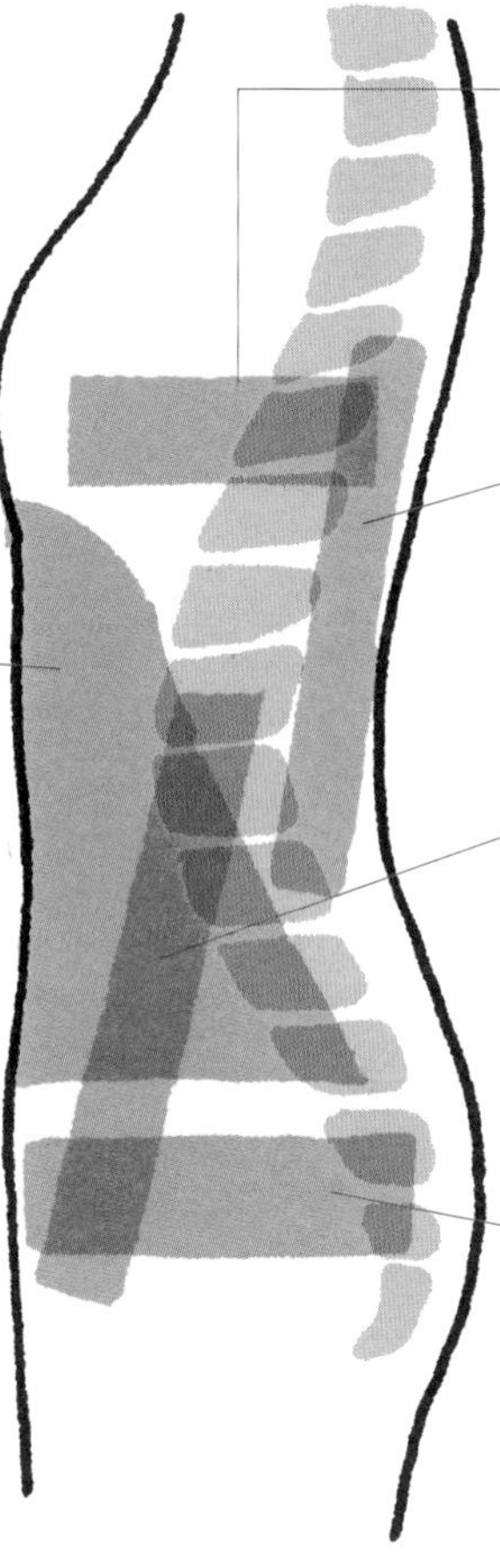

横隔膜《おうかくまく》
胸腔と腹部とを仕切ったドーム状の筋肉膜で、呼吸をする際に使われる。

多《た》裂《れつ》筋
背骨の深いところにあり、背骨をまっすぐに保ち姿勢を支えている。

腹《ふく》横《おう》筋
腹部の深いところでコルセットのように内臓を覆い安定化させる。

腸腰《ちょうよう》筋
股関節を支える筋肉で、大腰筋、小腰筋、腸骨筋からなる。

骨盤底筋《こつばんていきん》群
骨盤の一番下にあり、ハンモックのように内臓を支えている。

1日5分！「下腹ぽっこり解消エクササイズ」の効果的なやり方

ストレッチと筋トレで下腹が凹むメカニズムは、おおよそ理解していただけたでしょうか。PART1の下腹ぽっこりタイプ別のチェックリストで、自分がどのタイプに属しているのかをチェックしたと思います。一番多くチェックがついたものが自分のタイプとなりますが、**下腹ぽっこりのタイプは複合的であることが多い**ので、チェックの数がほぼ同数の場合は、**両方のエクササイズを混ぜて**行いましょう。

各エクササイズで、ターゲットとなる筋肉や運動の種類（ストレッチ、筋トレ、有酸素運動など）が違うので、目的を絞ってトレーニングをしたほうが効果は高くなります。たとえば、日によって腸腰筋や腹横筋を重点的に鍛えるなど、ターゲットを変えるのもいいでしょう。

以下は各タイプ別の基本メニューとなりますが、慣れてきたらタイプにかかわらず、組み合わせをアレンジすると飽きずに続けることができます。

タイプ1　下がった内臓によるぽっこり

ストレッチと筋トレを組み合わせた「下腹ぽっこり解消エクササイズ」（56～73ページ：全タイプ共通）を毎日5分程度行う。

タイプ2　姿勢の悪さや骨盤のゆがみによるぽっこり

「姿勢矯正ストレッチ」（74～83ページ）を重点的に行い、姿勢や骨盤のゆがみを整える。姿勢が整ったら「下腹ぽっこり解消エクササイズ」で筋肉を強化する。

タイプ3　便秘やお腹にたまったガスによるぽっこり

タイプ4　内臓脂肪によるぽっこり

「下腹ぽっこり解消エクササイズ」に加えて、「快腸＆内臓脂肪撃退トレーニング」（84～95ページ）を組み合わせて行う。

「下腹ぽっこり解消エクササイズ」で内臓を支える力を強化する

女性は男性に比べると筋肉量が少ないので、運動習慣がなければ若くても筋肉量が減少してしまいます。特に体の深い場所に位置するインナーマッスルは意識しないとなかなか鍛えることができません。

腹直《ふくちょく》筋や大腿四頭《だいたいしとう》筋など、アウターマッスルと呼ばれる外側の大きな筋肉をストレッチでやわらかくすることで、インナーマッスルにも力が入るようになり、運動効率がアップします。そのため、筋肉のトレーニングを始める前に、まずはしっかりストレッチをするというのがエクササイズのポイントにもなります。

おもに鍛えるのは腹横筋と腸腰筋ですが、**インナーマッスルは単体で動くというよりも、共働する筋肉**です。

たとえば、腹横筋と骨盤底筋群は同時収縮すると言われています。どちらかが働けば、もう一方も働いています。53ページで紹介した**内臓を支える5つの筋肉すべてを**

意識してエクササイズを行いましょう。

トレーニングを始めてすぐは筋肉痛が起こることもあると思いますが、筋肉が鍛えられているというサインでもあります。立ち上がれなくなるくらいの激しい痛みがある場合はエクササイズをお休みするしかありませんが、できれば毎日、少しずつでもいいので続けることをお勧めします。

体がきつければストレッチだけにしたり、エクササイズの種類を減らすなどの工夫をして調整しましょう。そのうち筋肉痛とは無縁になります。また、筋肉痛がなくなっても、筋肉はしっかり育っています。

【エクササイズのやり方】

3つのストレッチの中から1つを選んで行ったあと、腹横筋と腸腰筋の筋肉トレーニングのメニューから、それぞれ1つずつ選択して行ってください。できる人は全部行っても構いませんが、毎日、最低でも**ストレッチ1つ+腹横筋エクササイズ1つ+腸腰筋エクササイズ1つで5分程度のエクササイズ**を行いましょう。

腹筋・もも前ストレッチ

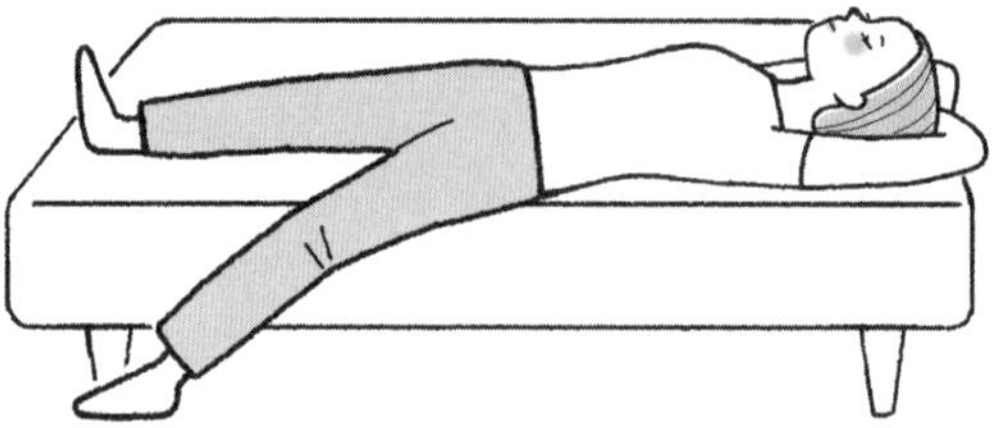

1 ベッドに仰向けに寝て、
左脚をベッドから下ろします

内臓を支える筋肉の外側を覆う大きな筋肉が硬いと、筋トレをしたときにインナーマッスルへの効果が出にくくなります。腹直《ふくちょく》筋や大腿四頭《だいたいしとう》筋などの大きな筋肉をしっかりストレッチで伸ばしたうえで、腹横《ふくおう》筋や腸腰《ちょうよう》筋などのインナーマッスルに効果のある筋トレを行うことで、運動効率はさらにアップします。鼻から吸って口から吐く呼吸がうまくできない場合は、入浴中に練習すると水圧が負荷になり、簡単できるようになります。

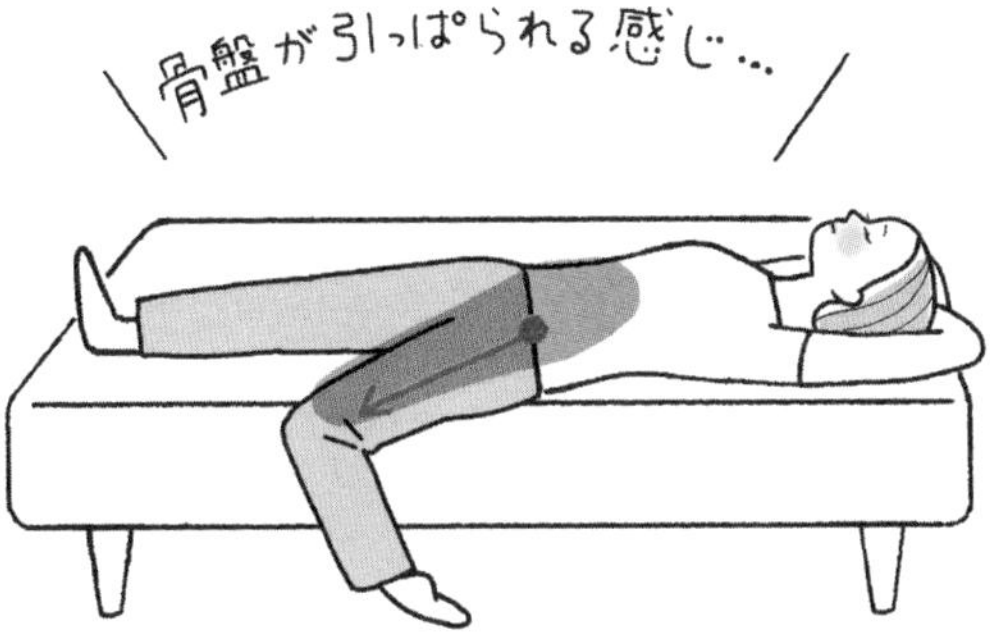

2 下ろした左脚のひざを曲げます

＊できるかぎり曲げてみましょう！

3 そのまま両手を上に伸ばし、バンザイするイメージで

＊ 肩や首に違和感がある場合は
無理のない範囲で行いましょう。

4 ゆっくり深呼吸を10回行います

※ 鼻から息を大きく吸って、
口からゆっくり吐いてください。

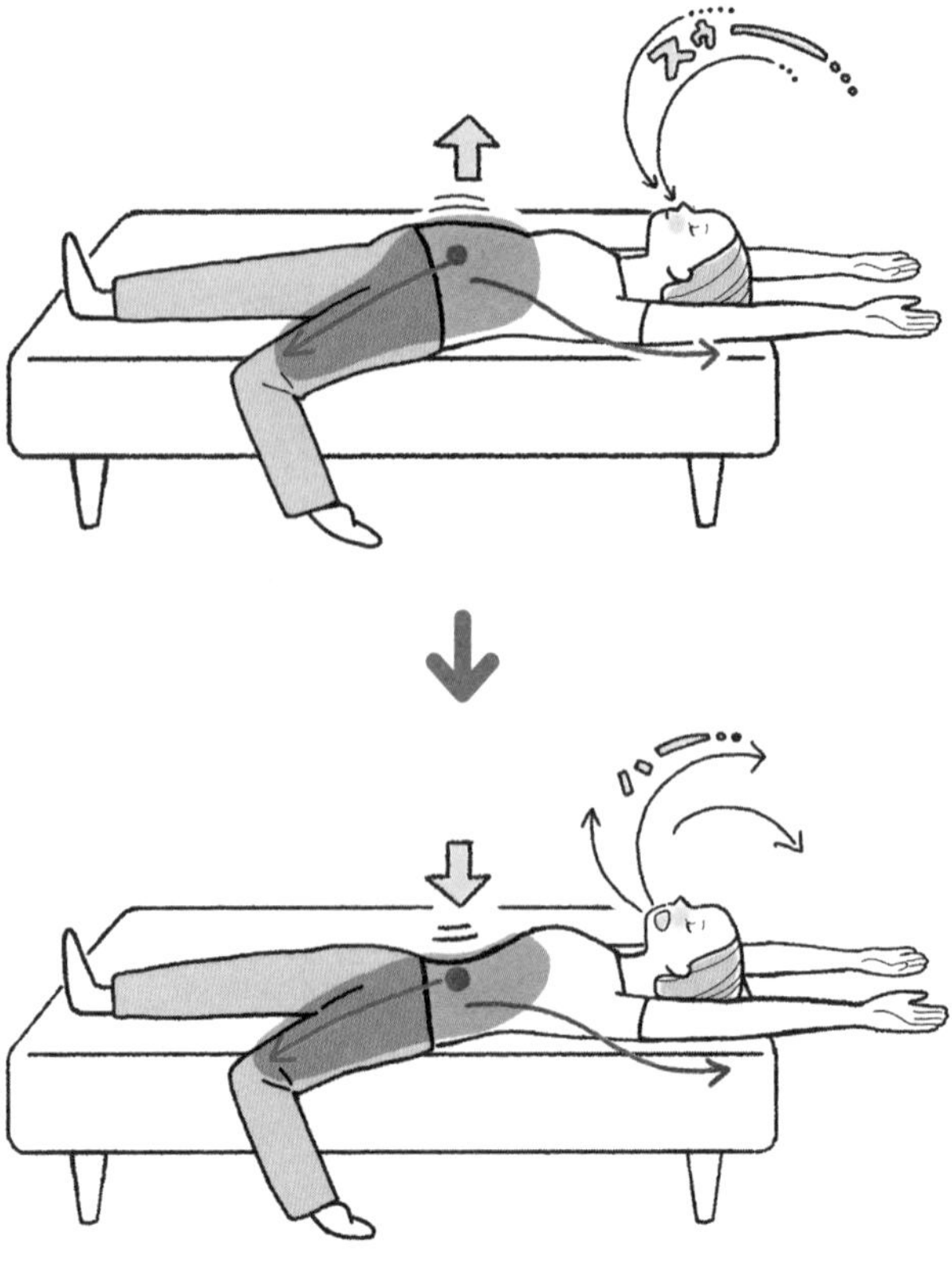

1～4を右脚も同様に行ってください。

★ 床で行う場合は、骨盤に当たるように
クッションなどを挟んで行います

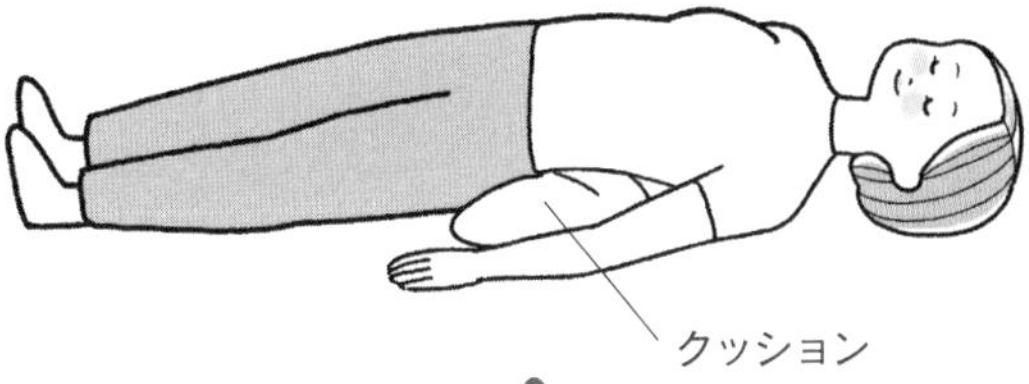

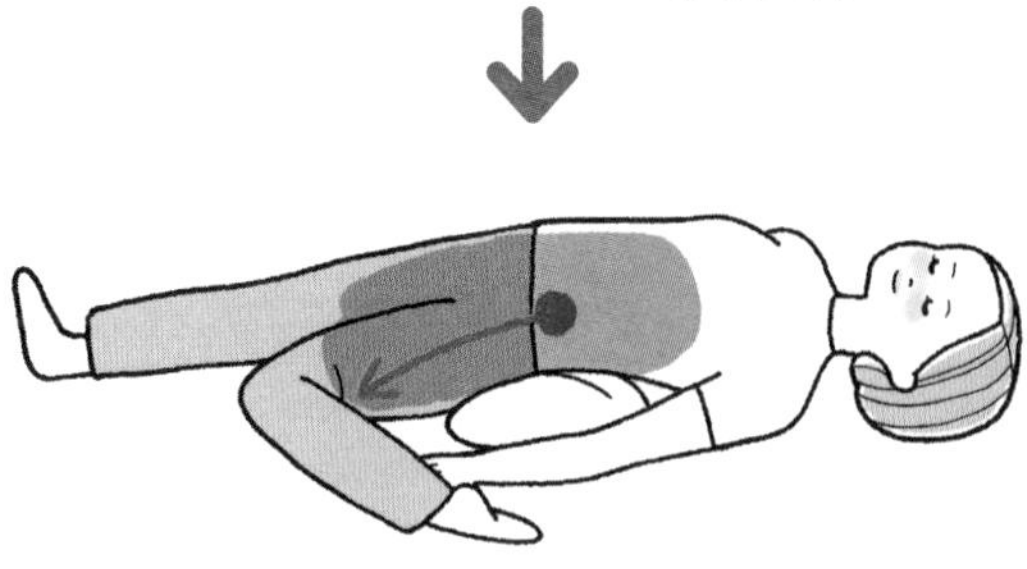

＼ ひざが捻じれる人は… ／

ひざをを可能な限り曲げて
姿勢を起こして後ろに
両手をついて行います

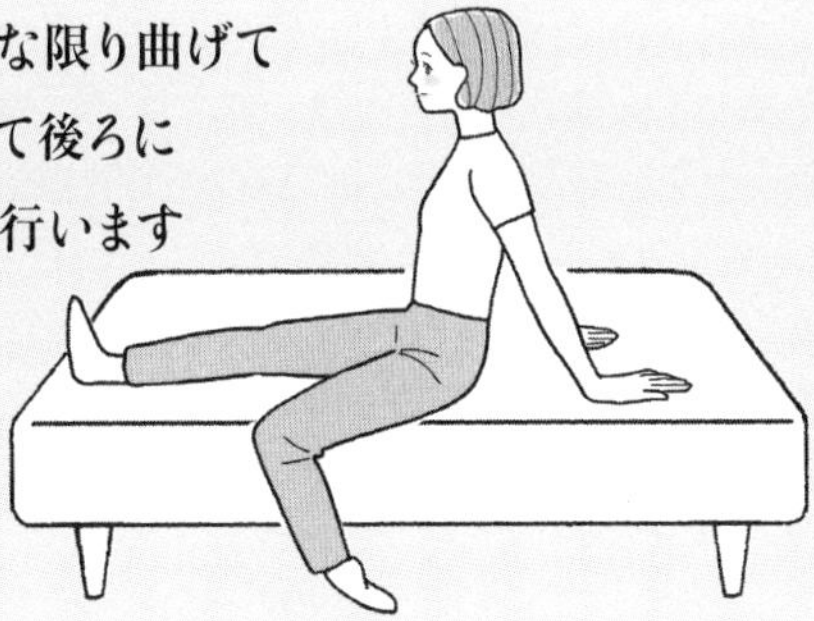

上体反らしストレッチ

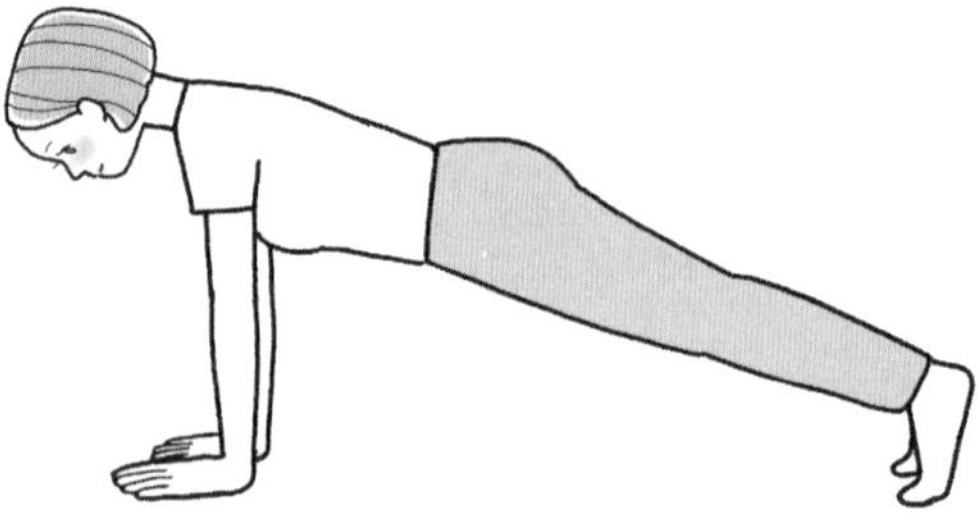

1 床に両手両足をついて、腕立ての状態になります

腕立ての姿勢から上半身のみを起こす簡単な動きで、腹部と背中の柔軟性を高めるストレッチです。自分の体の上半身の中で、お腹、腰、背中、胸のどこが硬いかを意識して、硬い部分をしっかり伸ばせるようにしていきます。ただ、必要以上に伸ばそうとすると腰を痛めてしまうので、硬い人は反り過ぎには十分注意しましょう。反らす支点は腰ではなく、股関節（恥骨）を意識して、骨盤を立てて上体を起こす感覚で行ってください。

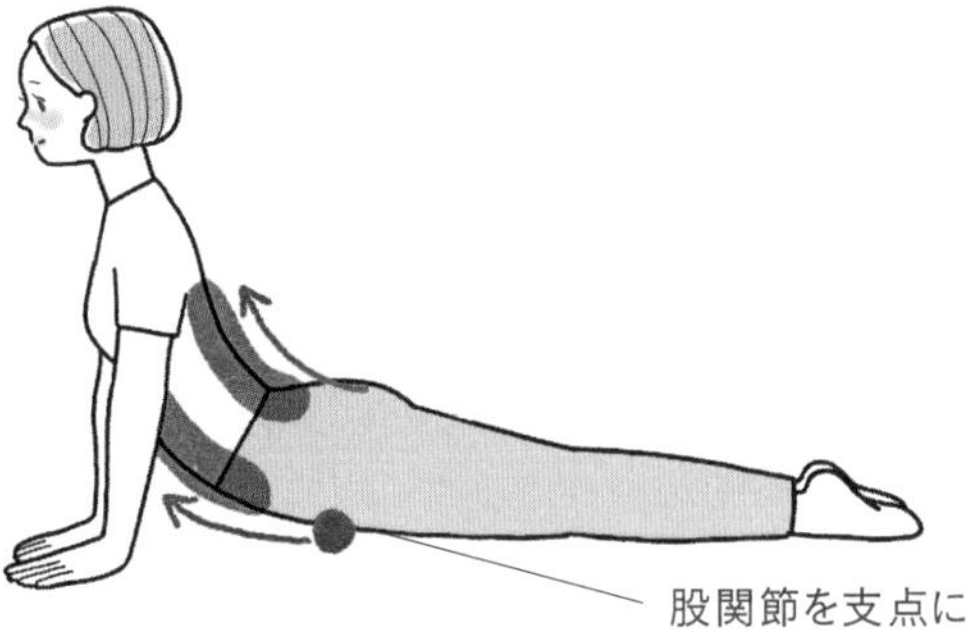
股関節を支点に

2 上半身のみ起こしていきます。ゆっくり鼻から息を吸って、口から吐きながら30秒くらい伸ばしましょう

＊ 骨盤の骨（赤丸）をできる限り床につけてください。

1～2を3セット行ってください。

こうならないように
気をつけて！
首が下を向いて
しまっている
NG！
腕が曲がっている

もも前うつ伏せストレッチ

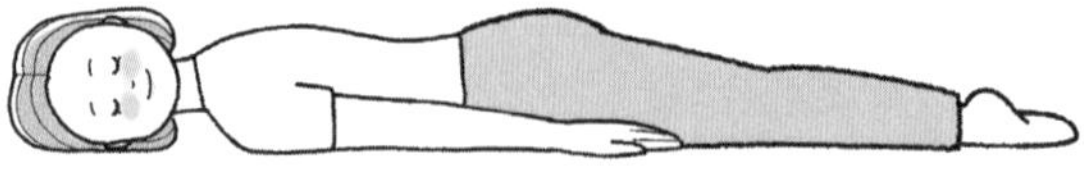

1 うつ伏せに寝ます

＊顔は横に向けて OK です。

体が硬い人はひざを曲げるときに骨盤が傾くことが多いので、骨盤は床と平行になるように床につけて行いましょう。ひざの曲げ具合は、伸びているという感覚が「痛気持ちいい」と感じるくらいだとベストです。通常はもも前のストレッチ中は、かかとはお尻につきますが、ひざに疾患を抱えている人や、体が硬くて足首を持てない人は、タオルの両端を手で持ち、足首に引っ掛けるようにするといいでしょう。無理のない範囲で行ってください。

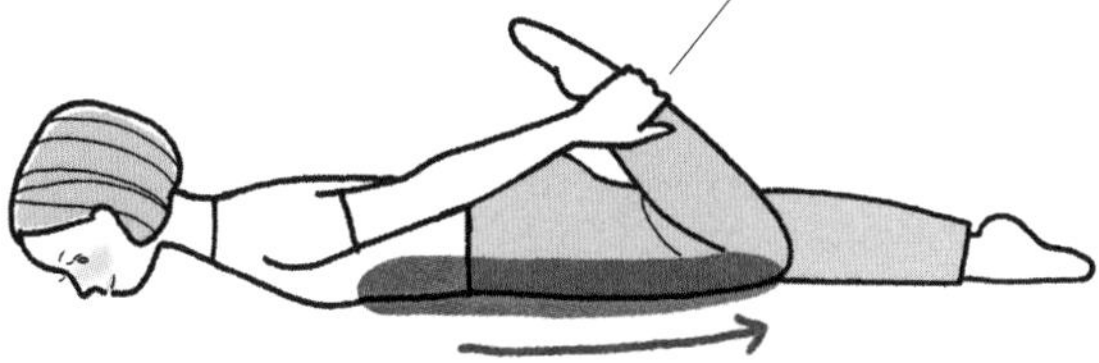
骨盤の両サイドが
床につくイメージで

2 左ひざを曲げ、足首を左手で持って引っぱり、ももを伸ばします

1～2を3セット行ってください。

ストレッチ感が弱いときは…

もも前にクッションを
置いて行います

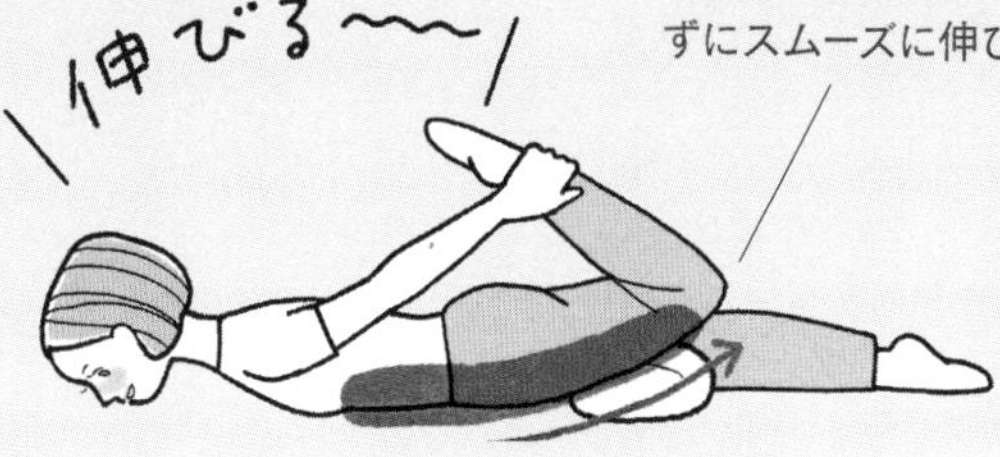
もも前にクッションを置くことで、無駄な力が入らずにスムーズに伸びる

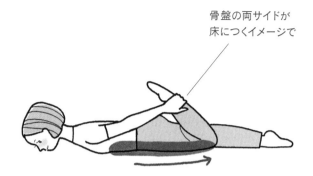

脚バタ腹筋トレーニング

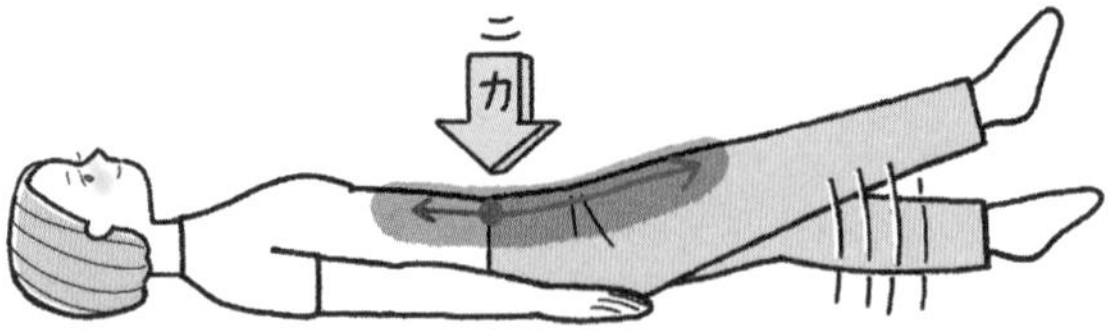

1 仰向けに寝て、背泳ぎのように脚をバタバタさせるイメージをして、交互に上下運動します。

＊下腹にしっかりと力を入れることを意識してください。

腰から太ももの骨までつながる腸腰筋を鍛えるエクササイズです。ウォーキングや階段昇降などでも鍛えることができるインナーマッスルですが、その場合はいい姿勢が維持できなければ効果は期待できません。脚バタ腹筋は、そこまで姿勢を気にせずに簡単にできるトレーニングです。下腹付近にしっかり力が入らないと腰が反ってしまい、腰を痛める原因にもなりますので、下腹にしっかり力を込めることを心がけましょう。

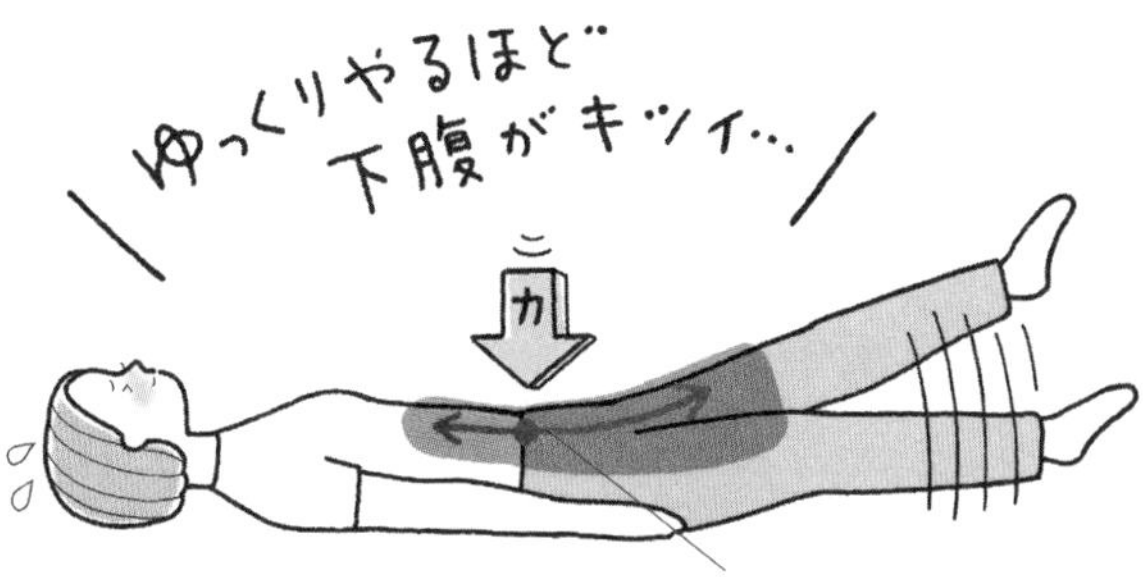

腸腰筋が使えていれば、インナーマッスルも鍛えられる

2 できれば両脚を床から浮かせたまま、交互に10回、ゆっくり脚バタを行いましょう！

10回を3セット行ってください。可能な人は30回×3セットにトライしてみましょう。

難しいときは…

床にかかとがついてもOK！

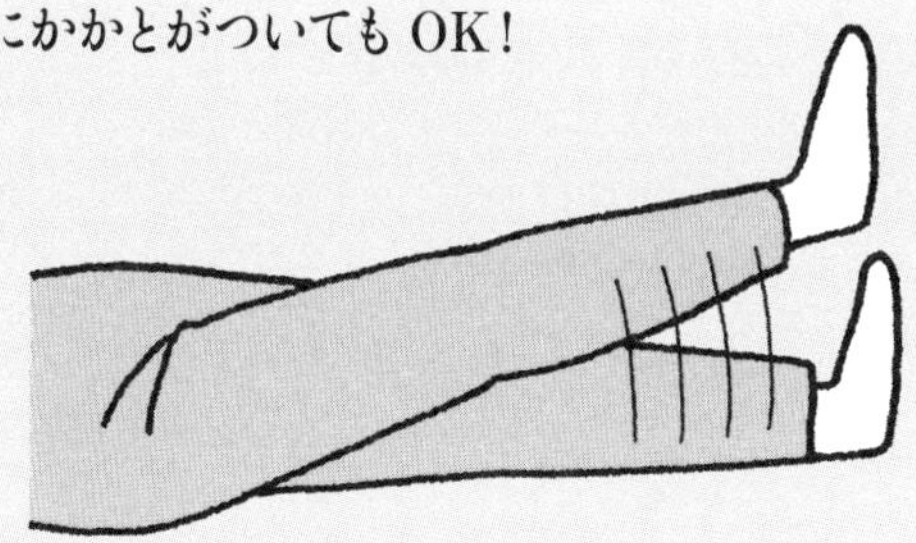

もも上げ腹筋トレーニング

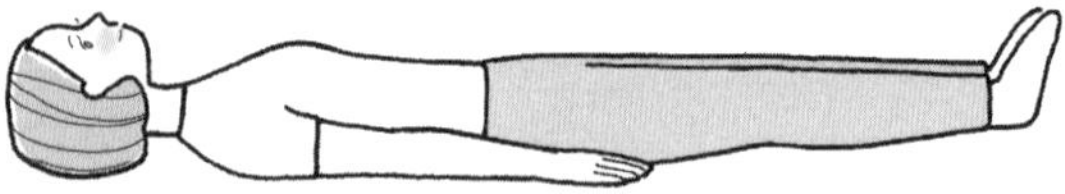

1 仰向けに寝て、両手は床につけます

下腹ぽっこりの改善だけでなく、太ももが引き締まり、スリムな美脚をつくれる腸腰筋のエクササイズです。反動をつけて勢いよく足を上げ下ろすのではなく、しっかり下腹部に力を入れ、すべての動作をゆっくり行うように意識することでトレーニングの強度が上がります。まだ筋肉がない最初のうちは、足を上げ下げするときの速度が調整できないので、無理のない範囲からスタートし、少しずつスピードを落としていくようにしましょう。

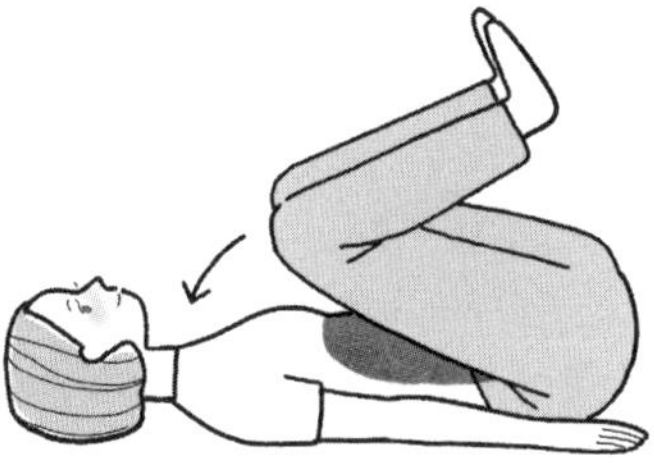

2 両ひざを曲げて、もも前が胸につくまで脚を上げます

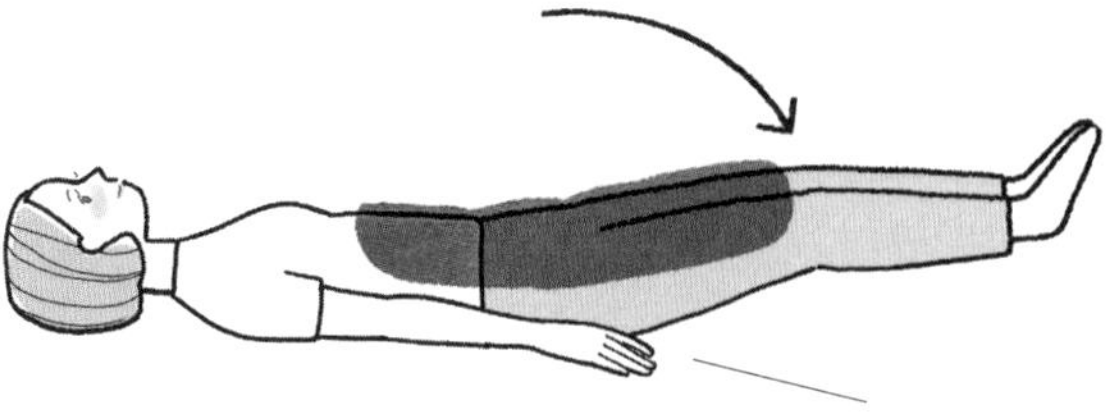

手で床を下に押さえつけながら脚上げを行うと、ラクに上げることができる

3 ひざがまっすぐになるまで戻します

＊ひざの屈伸をはっきりさせることを意識してください。

2～3を10回×3セット行ってください。

プランク

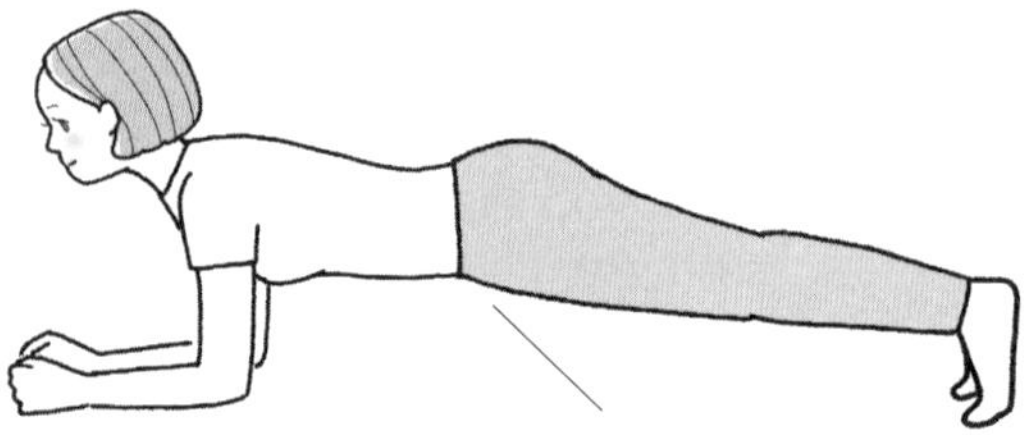
下腹に力を入れると
姿勢がまっすぐに安定する

1 ひじから先を床につけて、腕立ての姿勢にします

＊なるべく腹筋に力を入れて
体をまっすぐに保ちます。

腹横筋を鍛えるための代表的なトレーニングとして知られているエクササイズです。腹横筋は腹筋の中でももっとも深いところにあるインナーマッスル。負荷をかけるには地味でつらいトレーニングがメインになります。中でもプランクは腹横筋トレーニングの王道と言われるだけあって効果は絶大です。姿勢の維持の途中で体幹がブレてきた場合は、筋肉の限界の合図です。そこでいったんやめて、少し休憩を挟んでからもう一度トライしましょう。

もう…限界…

2 30秒～1分を目安に姿勢を維持しましょう

こうならないように
気をつけて！
腰が丸くなる
背中が反る

難しいときは…

ひざをついて行うと、
姿勢を維持しやすくなります

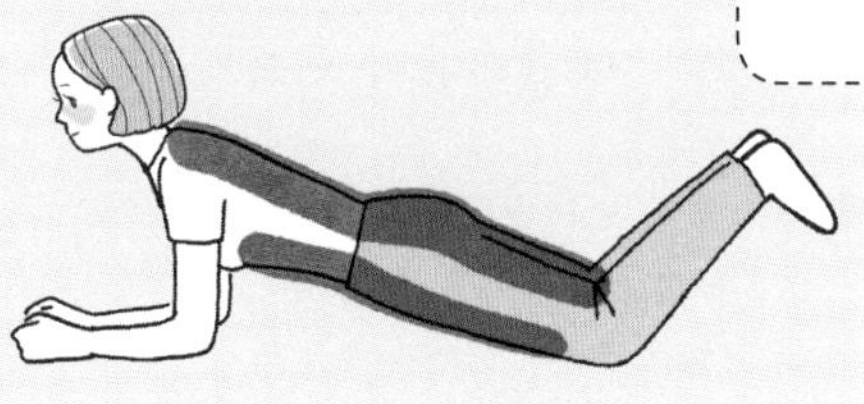

ドローイン

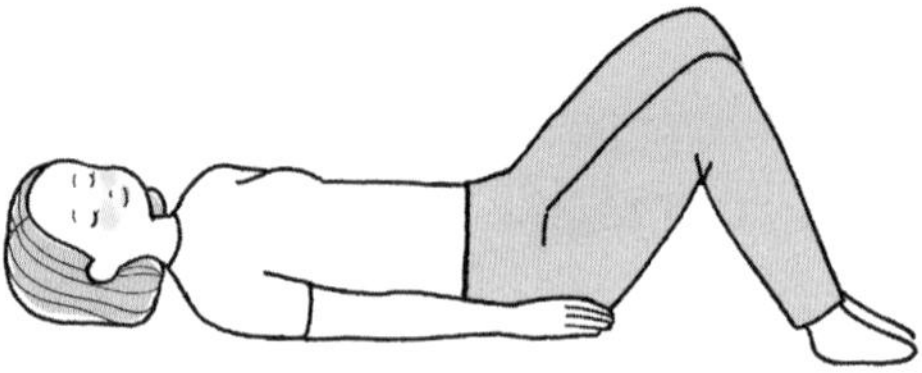

1 床に仰向けに寝て、ひざを立てます

腹式呼吸に近いトレーニングなので、コツさえつかめば比較的簡単で、通勤中の電車の中や、デスクワークの最中など、座ったままでもどこでもできるエクササイズです。吸った空気をお腹にためていく感覚がわかりにくいという場合は、お腹に手を当てて行うか、入浴中の水圧を利用すると感覚がつかめるようになります。お腹につるような感覚が出始めてからが本当のトレーニングになるので、可能であれば、つらくなってからさらに続けると効果的です。

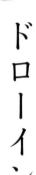

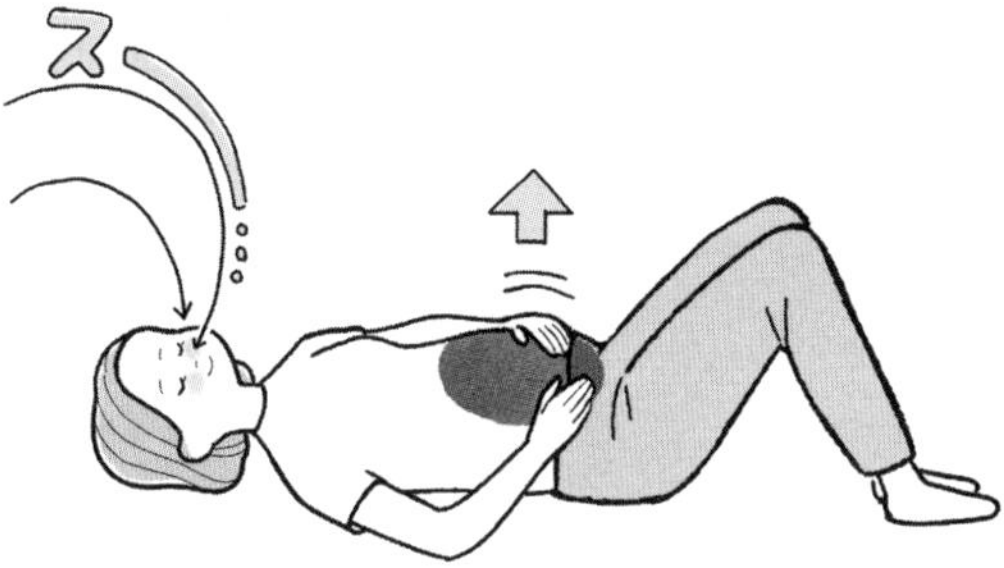

2 お腹を意識しながら、鼻から息を吸って、お腹を限界までふくらませます

だんだんお腹がつるような感覚が出てくると
腹筋に効いている証拠！

3 口から息を吐きながら、お腹を凹ませます

2～3を10回×2セット行ってください。

「姿勢矯正ストレッチ」で筋肉のこわばりをとり、体のバランスを整える

悪い姿勢のまま過ごしていると働くべき筋肉がうまく働けず、骨盤などの骨格がゆがみ、筋肉もどんどん衰えてしまいます。放置していると筋肉の柔軟性は失われ、猫背の姿勢のままこわばり、姿勢改善が難しくなるので、早いうちに対処しましょう。しかも、骨格は筋肉の硬さによって位置が決まるため、筋肉が硬いままだといくら筋トレをしても猫背姿勢も骨盤のゆがみも改善されません。

そのため、筋肉を鍛える前に、まずはストレッチで筋肉の柔軟性を取り戻し、体のバランスを整えることから始めます。

また、**筋トレを行うにも、正しいフォームの維持ができなければ、必要な筋肉がつきません。** 鍵を握るのは、いい姿勢が保てるかどうか、という点。「筋肉を増やす」という次のステップに進むためにも姿勢を整えることが大切なのです。筋肉のこわばりが強い場合は、無理をせず優しくゆっくり伸ばすようにしてください。

姿勢のチェック方法

① 壁を背にして立ちます。

② 両手を脚の側面につけ、後頭部、肩甲骨、お尻、ふくらはぎ、かかとを壁につけます。

③ 耳、肩、股関節、脚の側面につけた手の中指、ひざ、くるぶしが一直線上に並んでいるかどうか、スタンドミラーなどでチェック。一直線になっていない場合はゆがんでいます。

④ 両肩を壁につけ、腰のアーチに手を差し込んだときに圧力がかかれば、背骨が正しく湾曲しています。肩をつけると腰が反って壁との間に大きな隙間ができたり、腰が反る場合はゆがんでいます。

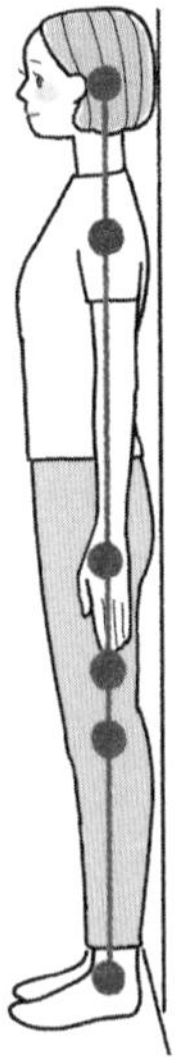

【エクササイズのやり方】

76〜83ページの姿勢矯正のストレッチを毎日行い、定期的に姿勢のチェック（上記参照）をします。姿勢が整ったら、58ページからのストレッチと筋トレのメニューを行いましょう。

姿勢が悪い人は、筋肉量が低下しているだけでなく、姿勢に対する意識も低いので、気を抜くとまた元に戻ってしまいます。姿勢が整ったあとも、姿勢矯正のストレッチはエクササイズに取り入れ、立っているときも座っているときも、姿勢に対しての注意を払うように心がけましょう。

首のストレッチ

1 左側の鎖骨上のくぼみを軽く押します

頭の重さは体重の約10%と言われています。姿勢が正しい場合は頭部をしっかり支えることができますが、姿勢が悪いと頭が中心軸からずれて首まわりの筋肉に負担がかかります。首の筋肉は細くて小さいため、長時間悪い姿勢が続くと支えきれなくなり、体の軸が頭の重みで崩れて体幹まわりにも影響が出てきます。特に疲労でこわばりやすいのは、頭を前に引っぱっている胸《きょう》鎖《さ》乳《にゅう》突《とつ》筋。このストレッチで優しくゆっくりと伸ばしましょう。

胸鎖乳突筋はココ！

鎖骨から、耳の後ろの首についている筋肉

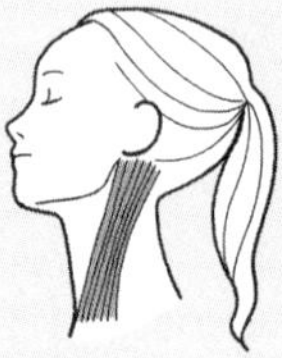

2 鎖骨上を押しながら、天井を見上げるように首を後ろに倒します

3 鎖骨を押さえている側と反対方向に首を少しずつ倒します。伸びている感覚があったところで停止し、20 ～ 30 秒伸ばしましょう

上半身のストレッチ

1 ベッドに仰向けに寝て、左脚をベッドから下ろします

＊床で行う場合は、骨盤に当たるように
クッションなどを挟んで行いましょう。

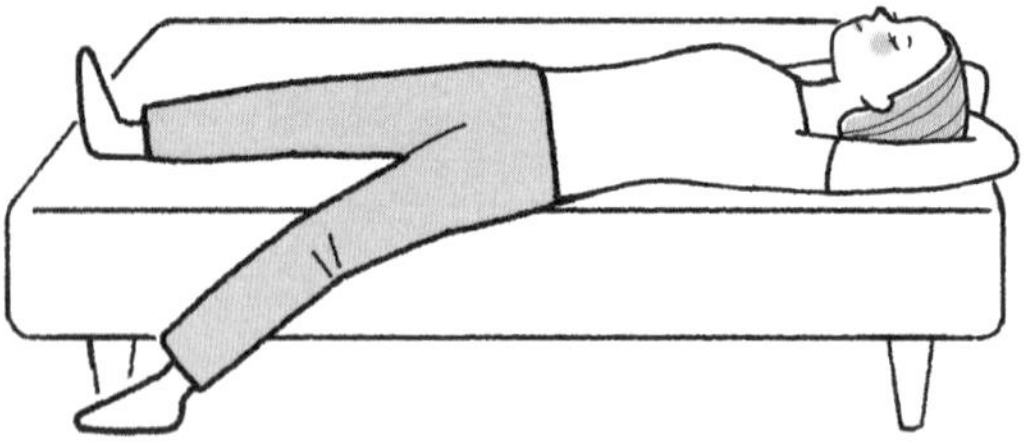

胸《きょう》筋が硬くなると、肩甲骨が前に引っぱられ、肩が前に丸まり猫背姿勢になります。また、猫背姿勢になると圧迫された肋間《ろっかん》筋が硬くなって肋骨が下がり、今度は腹部を圧迫します。すると、腹筋が使えなくなり、下腹のぽっこりが起こるだけでなく、姿勢の維持も困難になります。このストレッチで胸筋と肋間筋を含む上半身をしっかり伸ばし、腹筋に力を入れやすくして、下腹ぽっこりと姿勢を改善しましょう。

2 そのまま両手を上に伸ばし、バンザイします

＊肩や首に違和感がある場合は無理のない範囲で
行いましょう。

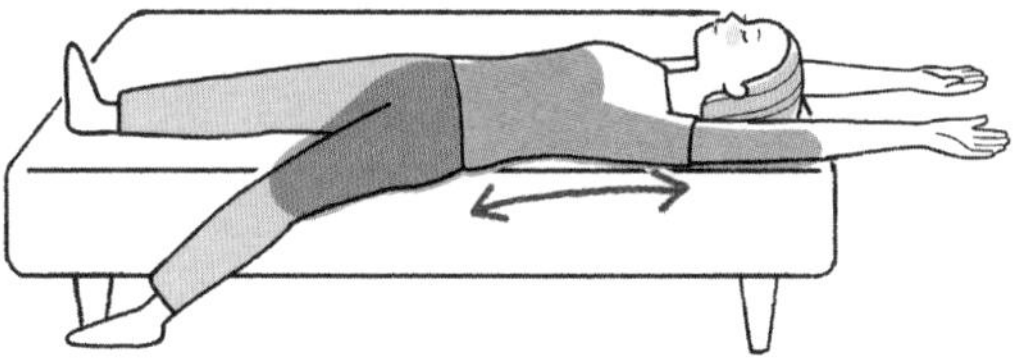

3 ゆっくり深呼吸を 10 回行います

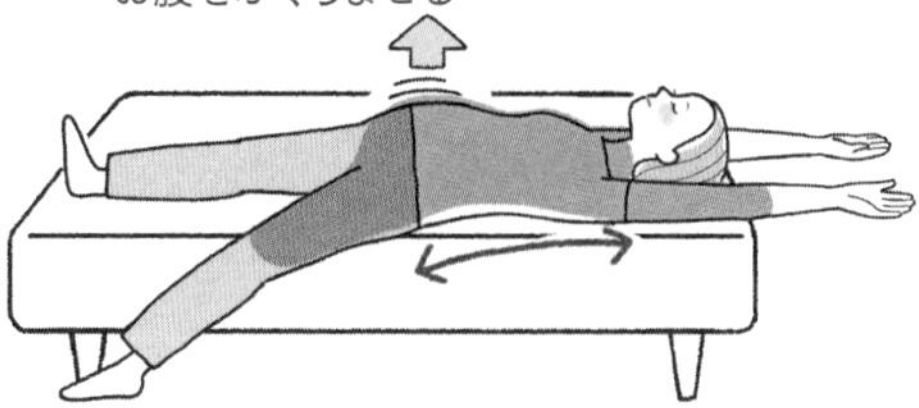
鼻から息を吸って
お腹をふくらませる

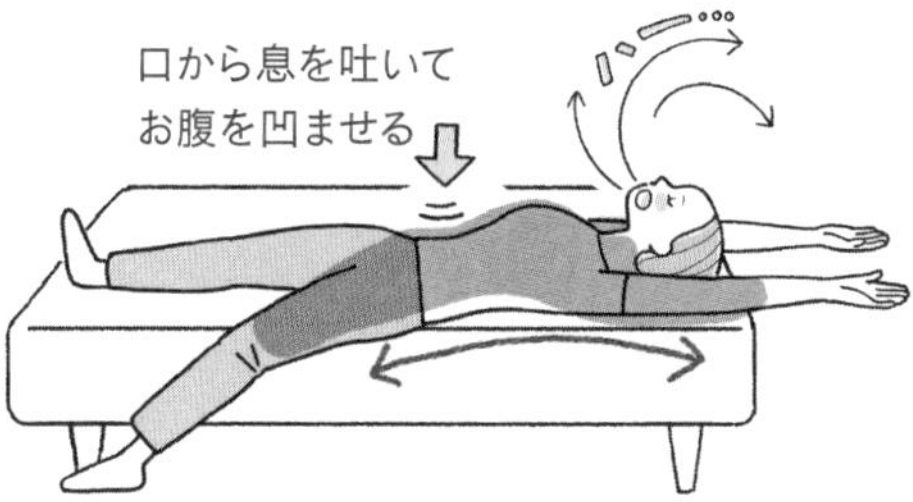

1～4 を右脚も同様に行ってください。

ウォールチェストストレッチ

1

**左ひじを曲げて
肩の高さにひじを合わせ、
手のひらを壁に当てます**

デスクワーク中のリフレッシュにも最適。壁さえあればどこでもできるストレッチです。姿勢の維持の要である肩甲骨まわりの筋肉もやわらかくするので、肩こりのある人にも効果的です。深呼吸をしながら、じわじわと筋肉を伸ばしていきます。壁につけた手のひらを置く場所を変えると、肩まわりのさまざまな筋肉を伸ばすことができるので、高さを変えながら、肩甲骨まわりの筋肉をほぐすのもいいでしょう。

2

手は固定したまま、
肩を後ろに引くイメージで
胸を張ります。
ゆっくり深呼吸をしながら
20 〜 30 秒胸を伸ばしましょう

2 を 3 セット行ってください。

難しいときは…

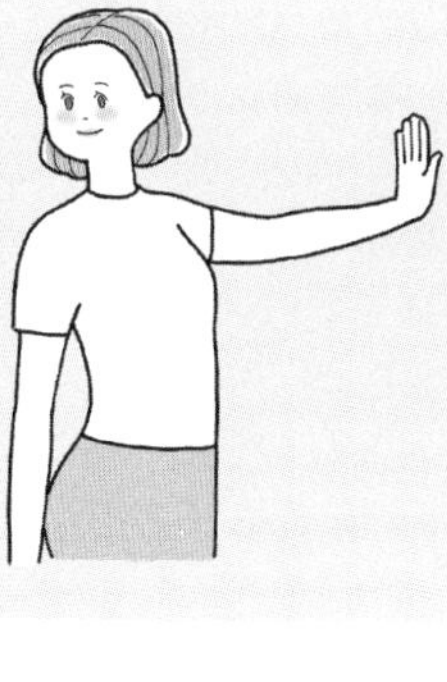

ひじを伸ばして
行ってみましょう

お尻のストレッチ

1 右脚を左脚の上にのせます

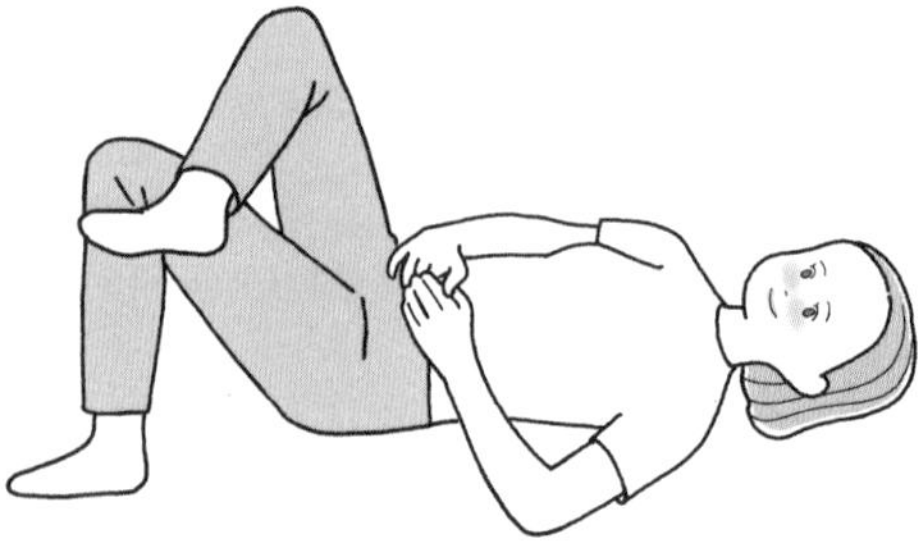

立っているときや立ち上がるときに使うのがお尻の筋肉です。逆に、デスクワークなど、長時間座っている場合は、ずっと圧迫されているため、疲労して硬くなります。お尻の筋肉が硬くなって収縮すると、骨盤の上側が開き始め、内臓が下がってきます。特に猫背姿勢などで腹筋が使えていない場合は、内臓を支えきれず、ぽっこり出てしまう原因にもなるため、骨盤を安定させるためにも、お尻の筋肉の柔軟性を高めておくことが重要です。

2 左脚を抱え込むように寄せていきます

1〜2を反対側の脚も同様に行ってください。

難しいときは…

ひざに手が届かないときは
もも裏をつかみましょう

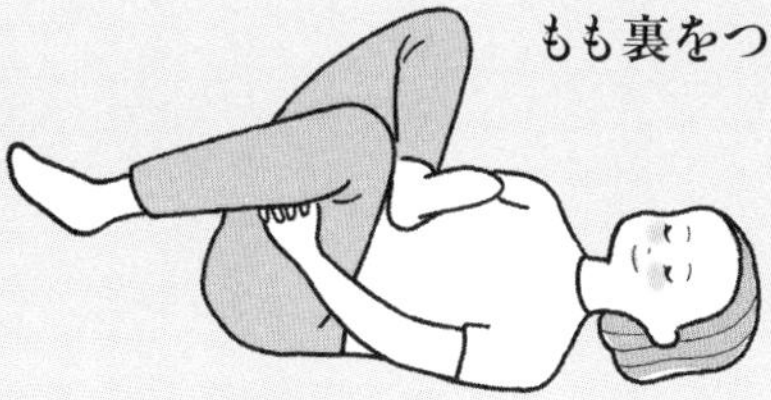

「快腸＆内臓脂肪撃退トレーニング」で便秘やガス、内臓脂肪を解消する

便秘やお腹にガスがたまる原因として、食生活が第一に挙げられますが、小腸の活動が低下していることも考えられます。できれば食生活を改善しながら、同時に腸の動きを活性化するような運動を取り入れるのが改善の近道です。

簡単にできて最適なのはウォーキング。**歩行時の振動が内臓に響くことで腸が刺激される**ので、便やガスを排出しやすくなります。正しい姿勢でウォーキングをすることにより、姿勢に関わる筋肉や股関節まわりの筋肉を強化したり、骨盤のゆがみを緩和する効果もあるため、実は姿勢の改善にも有効です。

ウォーキングは有酸素運動なので内臓脂肪を落とすのにも効果的です。

しっかり効果を実感するためには**目標1日1万歩**。まとまった時間がとれない場合は、細切れでも構いません。以前の「常識」では、有酸素運動は20分以上続けないと脂肪は燃焼しないものとされていましたが、最近では7〜8分程度でも問題ないと言

われています。運動後の「余熱」があるので短い時間でも十分効果があるようです。通勤など外出時の駅までの10分をウォーキングタイムに活用するなど、ちょこちょこ歩いて、毎日、1万歩を目指しましょう。

また、ウォーキングはストレッチや筋トレと違って天候に左右されるため、天気が悪いとサボりがちになってしまうことが難点です。天候が悪い日は、屋内でもできるスクワットや階段昇降を重点的に行うといいでしょう。

運動習慣がなかった人が、あれこれ一気に始めてしまうと続かないことが多いようです。まずは座っている時間を減らすことから始めます。結果が出るまで時間がかかっても、コツコツ続け、トレーニングの時間を徐々に増やすようにしましょう。

【エクササイズのやり方】

「下腹ぽっこり解消エクササイズ」と「快腸&内臓脂肪撃退トレーニング」を組み合わせて行います。ウォーキングはまとまった時間がとれなくても、細切れでも効果があります。

ウォーキング

大股で歩けば脂肪が燃焼し、腸にも刺激が届く

「歩く」という行為は誰もが日常的に行っているものですが、正しいフォームと言われると、自分の歩き方が本当に正しいのかどうかわからないという人も多いはずです。

背筋をまっすぐに伸ばし、股関節から振り子運動のように前後にまっすぐ脚を出すのが基本の歩き方。腰幅の二本線の上を歩くようなイメージで、かかとから着地し、足底がついたらつま先から離れるという流れを意識できると脚の運びがスムーズになり、股関節を大きく動かすことができます。大股で歩くと、その分脂肪も燃焼しやすくなり、骨盤も可動するため、腸にも刺激が届いて便秘も解消します。

また、長時間の歩行は股関節やひざ関節に負荷がかかるため、ケガのリスクが増えます。連続で長時間歩くのは避け、異常を感じたらすぐに休息をとりましょう。

正しいウォーキング姿勢

正しい姿勢で歩くと脂肪を燃やすのにも効果的です。
ウォーキングに慣れるまでは、
正しい姿勢を意識しながら、丁寧に歩きましょう。

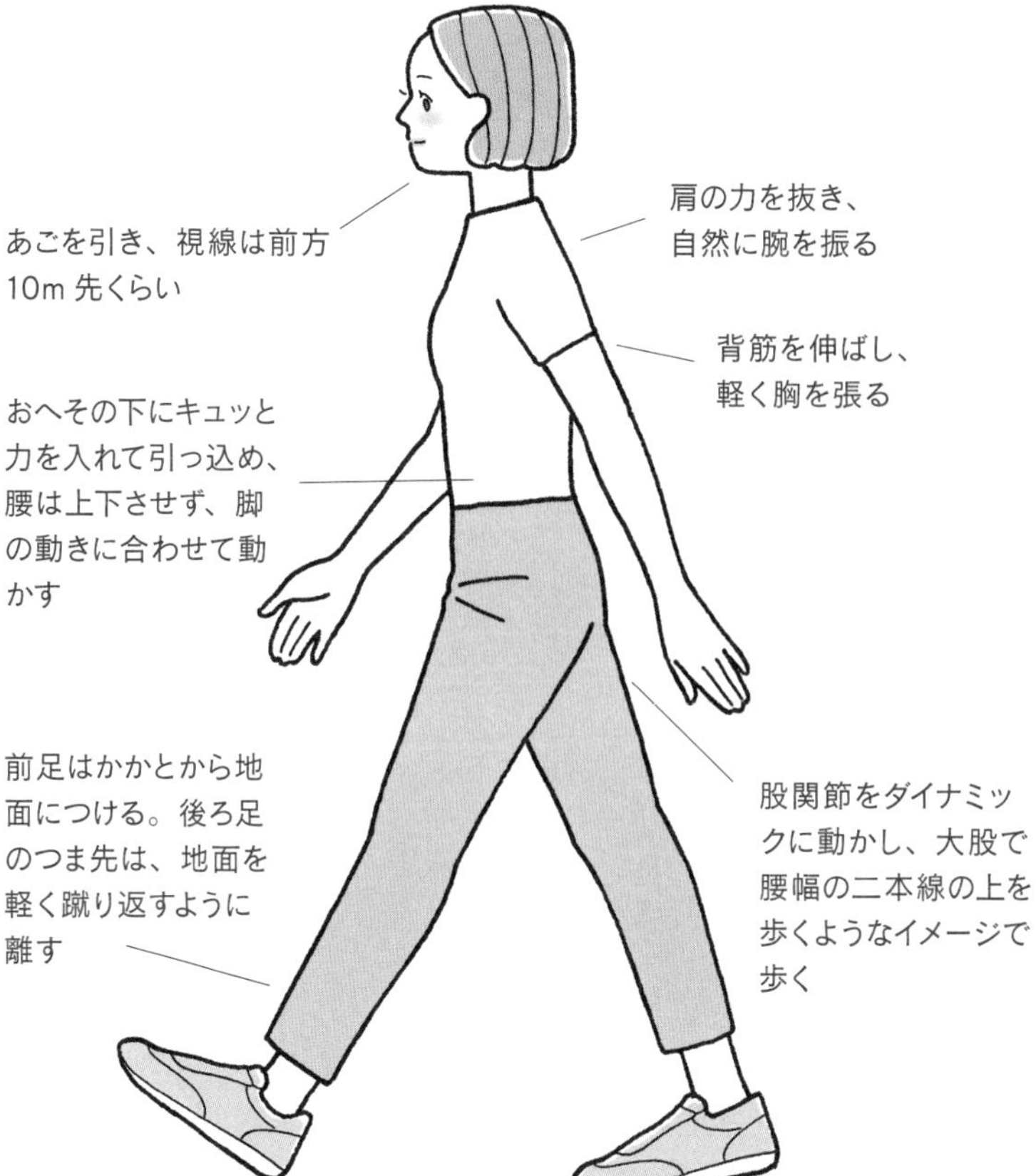
あごを引き、視線は前方10m 先くらい
肩の力を抜き、自然に腕を振る
背筋を伸ばし、軽く胸を張る
おへその下にキュッと力を入れて引っ込め、腰は上下させず、脚の動きに合わせて動かす
前足はかかとから地面につける。後ろ足のつま先は、地面を軽く蹴り返すように離す
股関節をダイナミックに動かし、大股で腰幅の二本線の上を歩くようなイメージで歩く

速歩き／インターバルウォーク

●速歩き

正しい姿勢でウォーキングするのに慣れてきたら、「速歩き」にトライ。呼吸が乱れるほどの運動量ではないものの、少し汗ばむ程度で7～8分歩くだけで脂肪燃焼効果が期待できます。速歩きをするときは、気が焦るあまり前のめりになって腰が曲がったりすることがありますが、これでは骨格にゆがみが出てきてしまいます。正しい姿勢を忘れずに。

●インターバルウォーク

まだ体力に自信がないという場合は、「インターバルウォーク」がお勧めです。これは、**速歩きといつものペースの歩行を交互に行う**ウォーキング法。負荷のかかる速歩きと負荷の少ないいつものペースでの歩行を組み合わせることで、筋力と持久力を向上させることができます。

やり方は簡単です。**まず3分ほど速歩きをしたあと、いつものペースで3分歩きます**。これで1セットです。

時間がないときは「3分＋3分」の1セットでも構いません。その日の自分のペースに合わせ、調子がよければさらに1セット、2セットと追加するのもいいでしょう。トレーニング中にいちいち時計を見るのが面倒なら、電柱を目印にして、「電柱4本おきに速歩きといつものペースを入れ替える」など自分のルールを決めて歩くのもゲーム感覚で楽しめます。

さらに負荷を加えたければ、**歩幅を大股にする**と効果的です。なんと、**歩幅が5㎝広がるだけで、消費カロリーが1・5倍にアップ**するというデータもあります。

22～28㎝くらいの足のサイズの人なら、履いている靴の4分の1くらいの幅を目安に足を前に伸ばすだけで、歩幅を5㎝プラスすることができます。

まだ筋力が弱いときに、いきなり大股で歩いたり、速歩きを行うとひざや足首を痛める場合があるので、徐々に速度を早めたり、歩幅を大きくしていきましょう。

ジャンピングスクワット

体を上下にシェイクして脂肪を燃やす!

スクワットというと、ハードな筋トレを連想しがちですが、「ジャンピングスクワット」は、誰にでもできる有酸素運動です。内臓脂肪を落とすのに効果的なだけでなく、腸にも刺激があり、筋肉も多少つきます。

王道のノーマルなスクワットでは、腕の反動を使って立ち上がることは筋トレ効果を半減させてしまうためNGとされています。

ジャンピングスクワットは、むしろその**腕の反動を利用して、有酸素運動の効果を取り入れたスクワット**です。

スクワットとジャンプの動きをミックスし、つま先でしっかり地面を押すことで、脚の筋肉も使うため全身運動になります。

ジャンピングスクワットのやり方

上下に体をシェイクするようなイメージで、
この動きを10回を目安に連続して行ってください。
動作中は息を止めず、しっかり呼吸をしましょう。

1 肩幅より少し広めに足を開き、息を吸いながら腰を下げてしゃがみます

2 腕の反動を利用して少しだけジャンプ！着地したら1の姿勢に戻ります

幅跳びをするように
腕を振り上げる
背筋は常にまっすぐになるように
しゃがんだときのひざの角度は、90度以下にならないように注意
つま先で地面を
押し上げる

足踏み&エア腕振り／踏み台昇降

有酸素運動の王道であるウォーキングやジョギングなどは、毎日トレーニングをしようと思っても天候に左右されがちです。運動経験の少ない人の場合、1日サボるとそのままサボり続けてしまう……ということにもなりかねません。

雨の日や寒くて外に出たくないような日でも、部屋の中でできる有酸素運動を紹介します。

●足踏み&エア腕振り

名前の通り、その場で足踏みをしながら、同時に大きく腕を振るトレーニングです。脂肪燃焼&筋力アップのポイントは、足踏みをするときに、**意識的に太ももを高く上げる**こと。ひじは90度に曲げ、後ろに引くことを意識しながら肩甲骨から腕を動かしましょう。猫背にならないように、胸を張って、いい姿勢で足踏みをすることもお忘れなく。

●踏み台昇降

踏み台には、市販のステップ台を使う方法もありますが、電話帳など厚めの本を高さ10～15㎝の台になるように重ね、ガムテープでくるっと巻けばお手製の踏み台のできあがりです。階段や部屋の中のちょっとした段差を利用してもOKです。

背筋を伸ばして、息を吐きながら片足を踏み台に乗せて、息を吸いながら両足を地面につける動作を左右交互に繰り返します。お腹に息をためて吐き出す**腹式呼吸を併用すれば、下腹を凹ます筋肉にも効果**があります。

一緒にエア腕振りも付け加えれば、かなりの運動効果を期待できます。

どちらの運動も回数は気にせず「そのときにできるだけ」で構いません。最初からがんばり過ぎてしまうと、そのあとが続きません。最初の目標は低く設定して、徐々に増やして続けられるようになればいいのです。

水中筋トレ／ドローイン

運動を習慣にしたら、筋肉の疲れをとるためにも湯船に浸《つ》かるのをお勧めします。入浴は全身が温まる温浴効果によって代謝がよくなり、カロリーの消費も促します。湯船に浸かる時間は15分程度で十分ですが、それでも長いという人は最低でも5分は浸かるようにしましょう。

いつもシャワーだけで済ませているという人からは、「お湯に浸かっている時間が手持ち無沙汰になる」という話も聞きます。そんな場合は、入浴時間も無駄にせずトレーニングに使いましょう。トレーニングをするときは、お湯の温度があまり高過ぎると心臓に負担がかかるので、40℃程度の少しぬるめにしてください。

●水中筋トレ

足が伸ばせるタイプのバスタブなら、手でバスタブの底を押すようにして上半身を安定させ、背泳ぎのバタ足の要領でバタバタと脚を上下に動かします。ひざは曲げてもOKです。バシャバシャと周りにお湯は飛び散りますが、子供の頃にもお風呂で似たような遊びをしていたことを思い出して、案外楽しい気分で入浴できます。

実は、**水中で脚を動かすのは水圧がかかるので、結構なトレーニング**になります。しかも、浮力のおかげでひざの関節に負担をかけることもありません。

●ドローイン

入浴中は、72ページで紹介したドローインを行うのもお勧めです。ドローインは、入浴中に行うとコツがつかみやすいので、ぜひ試してみてください。

特に**「便秘やガスがたまった下腹ぽっこりタイプ」の人は、入浴中の体が温まった状態でドローインを行うと効果てき面**です。

冷え性で体温が低い人は、冷えによって内臓の働きが低下していることも多いため、湯船に浸かって冷えを解消することも大事です。体をしっかり温めながら内臓を適度に刺激すると、腸の動きが活発になります。

細切れでもＯＫ！
１日10分から始める、運動を習慣にするコツ

運動の効果は継続性にかかっています。週末にまとめて長時間歩いたり、いろいろな種類のエクササイズを何セットも行うより、たとえ短時間でも毎日行うほうが効果があるのです。「今日はサボっちゃおう」という日が月に１〜２回程度あっても構いませんが、週１〜２回になると危険信号。せっかく結果が出てきていても、１週間以上サボると元に戻ってしまいます。

下腹ぽっこりになってしまう人のほとんどは、運動習慣がない場合が多いと思います。私がクリニックでダイエット指導を行うときも、運動習慣がない患者さんに対して「運動をしましょう」と言うのは禁句のようなもの。まずは「座っている時間を短くしましょう」「少しずつ動きましょう」というところから徐々に始めて、「１日最低でも今より10分は動くように」と指導しています。

その10分は１日のトータルでも構いません。しかも、何をやってもいい。歩いた

り、ストレッチしたり、筋トレをしたり、着替えて外に出るのが面倒な日は、部屋でできることを考える。それを、1日の中で細切れでもいいから、トータルで10分になるようにまずは2週間続けてください。2週間毎日続いたことは習慣になります。

一番いい方法は、**生活の中に運動を取り込んでしまう**こと。

朝起きたらベッドの上で軽くストレッチをする。通勤や買い物のときはできるだけ歩き、車やエスカレーターは使わず階段を利用する。風呂上がりはストレッチで体をほぐしてリラックスして眠るなど、生活習慣にしてしまえばこっちのものです。

痩せるための運動をするなら食事の前がいいと言われていますが、「だったら食前に運動をしよう！」と決めたところで、そのタイミングを逃してしまうと「今日はもう食べちゃったからやめよう」という考えになりがちです。なので、**朝から晩まで、いつでも運動しようという気持ちで取り組んだほうがいい**でしょう。

運動は痩せる目的以前に、健康維持に欠かせないものです。**運動習慣を身につけることは、結果的に健康も守り、一生の財産になる**のです。

仕事中も休日も、いつでもどこでもトレーニングタイムになる

最初は基本のエクササイズを続け、慣れてきたら本書で紹介したさまざまなエクササイズを組み合わせ、自分ならではのメニューを作ってみましょう。

運動は変化を取り入れたほうがマンネリにならず、飽きずに続けることができます。

以下は組み合わせの例です。参考にしてください。

●平日（デスクワーク中心の日）

デスクワークが多い日は同じ姿勢が続いて、全身がこわばりがちです。筋トレよりもストレッチを中心に行い、休憩中は有酸素運動を取り入れましょう。

【朝】 起床後に**上体反らしストレッチ**（62ページ）

【日中】 仕事の休憩中に**足踏み&エア腕振り**（92ページ）、ランチタイムは職場から少し離れた定食屋まで**速歩き**（88ページ）

【夜】テレビを見ながら**ジャンピングスクワット**（90ページ）、入浴中に**ドローイン**（72ページ）、就寝前に**お尻のストレッチ**（82ページ）

●平日（外回りする日）

外出する日は、移動中を利用してウォーキングタイムにあてましょう。帰宅したら、ストレッチでしっかり体をほぐして翌日に疲れを残さないように！

【朝】起床後に**腹筋・もも前ストレッチ**（58ページ）
【日中】移動中に**インターバルウォーク**（88ページ）
【夜】雑誌を見ながら**プランク**（70ページ）、入浴中に**ドローイン**（72ページ）、就寝前に、**もも前うつ伏せストレッチ**（64ページ）、**お尻のストレッチ**（82ページ）

●出かける休日

外出予定がある場合、運動をサボりがちになりますが、起きたときに少しでもエクササイズをすることで体がシャキッとします。外出中も積極的に歩きましょう。

【朝】 **上半身のストレッチ**（78ページ）**＋脚バタ腹筋トレーニング**（66ページ）

【日中】 早めに家を出て目的地の1つ前の駅で降りて**ウォーキング**（86ページ）、外出先ではなるべく階段を使う。

【夜】 入浴中に**ドローイン**（72ページ）、就寝前に**上体反らしストレッチ**（62ページ）

●出かけない休日

家にいるとどうしても間食をしてしまいがち。そんな気持ちを紛らわすのにもエクササイズは効果的です。時間がとれる分、エクササイズもたっぷりできます。

【朝】 起床後に**もも前うつ伏せストレッチ**（64ページ）、朝食前に**踏み台昇降**（93ページ）

【日中】 間食したい気持ちを紛らわすために**上体反らしストレッチ**（62ページ）、**もも上げ腹筋トレーニング**（68ページ）、**プランク**（70ページ）

【夜】 就寝前に**首のストレッチ**（76ページ）、**上半身のストレッチ**（78ページ）

PART 3

食生活を改善して 一生 「ぽっこり」しない

同じ食生活を続けると
年々0・5kgずつ太り続ける

PART1のチェックリストで内臓脂肪型の「下腹ぽっこり」の疑いがある人には、運動を始めるとともに、すぐに取り組んでほしいことがあります。

それは、ご自身の食習慣を見直すこと。

また、今は下腹ぽっこり以外には気になるところがないという人も、**年齢に応じて食習慣を見直さなければ、閉経後には確実に内臓脂肪がついて**きます。

今までと同じ食生活を続けているだけで、「ぽっこり」はいずれ「でっぷり」になってしまうのです。

なぜそんなことが起こるのかというと、摂取したカロリーを消費する「代謝」のしくみに答えがあります。毎日食事からとったカロリーがどのように消費されるかご存じでしょうか。代謝には次の3種類があります。

○運動など、意図的に体を動かしたときに消費する運動代謝（生活代謝）

○じっとして動かなくても、内臓を働かせたり、体温を保ったり、生命の維持をするために必要な基礎代謝

○食事をしたあと、栄養素の分解・代謝などのために体が消費する熱量（カロリー）（食事誘発性熱産生）

基礎代謝は、20代からを境にだんだんと少なくなります。また、年齢とともに運動量や筋肉量が減れば、運動代謝や食事誘発性熱産生も低下します。

要は、**歳をとればとるほど、生命維持に必要なカロリーが少なくなる**ということです。減る量は、1日あたりで約10キロカロリー。1年では約3500キロカロリーも減る計算になります。

脂肪組織1kgを燃焼させるには、約7000キロカロリーが必要とされるため、運動代謝も増やさずに若い頃と同じ食事を続けていると、年々0・5kgずつ体重が増えます。単純計算では25歳の人が30歳になるまでに2・5kg、**40歳になるまでに7・5kgも太る**という計算になるのです。

しかも、増えた分はほとんどの場合、全部脂肪なのです！

自分にちょうどいい摂取カロリーを知れば、一生太らない

「食事の量が変わらなくても、年々太っていくだなんて……。じゃあ、いったいどうしたらいいの？」という嘆きの声が聞こえてきそうです。

しかも、女性は閉経を迎えると、さらに内臓脂肪がつきやすくなっていきます。食習慣を見直さずに放っておけば、メタボリックシンドロームなど生活習慣病のリスクも高まります。では、この問題をどのように解決したらいいのでしょう？

方法の1つ目は基礎代謝量の割合が大きい筋肉の量を増やすこと。

筋肉の割合が多ければ、筋肉が少ない人よりも基礎代謝が高くなり、体脂肪もつきにくくなるというのは、PART2でもお話しした通りです。

食後は体内に吸収された栄養素が分解され、その一部が体熱となり消費されるため、安静にしていても摂取カロリーの約10％が消費されますが、筋肉量が多いとこの割合も増えていきます。

ただ、よほど真面目に運動をしない限り、基礎代謝と同じように、加齢とともに筋肉量も減っていきます。特に運動経験がなかった人にとっては、筋肉量をキープすることはできても、増やすというのはハードルが高いことかもしれません。

もう1つの方法は運動代謝を増やすこと。

運動を習慣化するとともに、1日の中でできるだけ活動量を増やし、摂取したカロリーを消費するのです。

ただし、毎日運動をしたところで、摂取カロリーが消費カロリーを上回れば、この改善策はうまくいきません。

裏を返せば、極端な食事制限をしなくても、毎日、**自分の基礎代謝と活動量に見合ったちょうどいい食事がとれていれば太らない**ということでもあります。

結局は食べ過ぎで太るのですから、自分のそのときの年齢に見合った、ちょうどいい摂取カロリーの食事をキープできていれば、年々体脂肪を増やすことはありません。

次のページの計算式で自分の「1日に必要な推定エネルギー量」を調べて、食生活改善の目安としてください。

あなたの1日に必要な

摂取カロリーの求め方

1日の活動にちょうどいい摂取カロリーを知れば食べ過ぎは防げます。また、肥満を予防し、体重を維持するためにも知っておいたほうがいいでしょう。1日に必要な摂取カロリーは以下のような計算方法で導き出すことができます。

「1日に必要な摂取カロリー」の計算式

目標体重＿＿kg ×エネルギー係数＿＿
=1日に必要な摂取カロリー＿＿kcal

【計算の仕方】

①以下の計算式で、自分の目標体重を導き出します。

65歳未満［身長（m）］^{2} × 22= ＿＿ kg
65歳以上［身長（m）］^{2} × 22 ～ 25= ＿＿ kg

○目標体重とは、あくまで健康で長生きするための体重です。ダイエットを目的としている場合は、自分が目標としている体重で計算します。
○高齢者の場合は、厳しくエネルギー制限をするとフレイル（心身が衰えた状態）になる恐れがあるため、自分の健康状態に合わせて目標体重を設定しましょう。

②「15 ～ 69歳の身体活動レベルの例」から自分の活動レベルを選び、エネルギー係数を調べます。

○エネルギー係数には幅がありますが、それぞれの活動レベルの中でも活動量の強弱があるので、自分で判断して、適当な数値を設定してください。また、肥満で減量したい場合は、エネルギー係数を20～25で計算しましょう。

③「1 日に必要な摂取カロリー」の計算式に①と②で導き出した数値を入れて計算します。

例）
40 歳、身長 160cm で活動レベル I の活動量がある場合の人の
1 日に必要な摂取カロリー

目標体重⇨ (1.6m)^2 × 22=56.32kg

必要摂取カロリー

56.32kg×25～30（エネルギー係数）=1408～1682kcal

15 ～ 69 歳の身体活動レベルの例

レベル	内容	エネルギー係数
レベル Ⅰ	生活の大部分が座位で、静的な活動が中心の場合	25 ～ 30
レベル Ⅱ	座位中心だが、職場内での移動や立位での作業・接客等、あるいは通勤・買物・家事、軽いスポーツなどのいずれかを含む場合	30 ～ 35
レベル Ⅲ	力仕事などの重い労働。あるいは、スポーツなど余暇における活発な運動習慣を持っている場合	35 ～

体脂肪はなくすのではなく、「適正な量まで減らす」のがダイエットの基本

体脂肪は増え過ぎるとスタイルを悪くする元凶になり、健康にも害をもたらす、嫌われ者のイメージです。まるで邪魔者のように扱われ、「少しでも減らしたい！」という人がほとんどだと思います。

しかし、体脂肪は人間にとってなくてはならない大切な組織の一つであることも知っておいてください。

体脂肪の大きな役目は、余ったエネルギーを貯蔵し、いざというときに備えること。たとえば山で遭難し、食料不足で飢餓状態に陥ったときには、体脂肪がついていればそれをエネルギー源にして命をつなぐことができます。病気や妊娠、出産などで、エネルギーをたくさん必要とするときにも、体脂肪が生命維持に必要なエネルギーを供給します。

ほかにも、外部からの衝撃が加わったときにクッションのような弾力性で骨や内臓

を守ったり、体の熱を逃さない保温効果もあります。

このように生命にとってはとても大切なものなので、本来は簡単に減るようでは困るのです。体脂肪を減らすにしても、極端に脂肪がなくなってしまうようなダイエットをするのは命の危険があります。ダイエットの基本は、体脂肪をなくすことではなく、あくまで「適正な量まで減らすこと」なのです。

また、「体脂肪」とひとくくりにしてお話ししていますが、体脂肪には皮膚の下につく皮下脂肪と、内臓のまわりにつく内臓脂肪の2種類があります。内臓脂肪は、さまざまな生活習慣病の原因となりますが、実は皮下脂肪よりも内臓脂肪を落とすほうが簡単なのです。内臓脂肪はあくまでも余ったエネルギーの一時的な貯蔵庫なので、運動などでエネルギーを消費する場合は、内臓脂肪から優先的に消費されます。

しかし、**内臓脂肪は体重や見た目では判断できないので、自分が肥満であることに気づかない「かくれ肥満」**の状態に陥り、知らず知らずのうちに生活習慣病を引き起こすことにもなりかねません。女性の**適正体脂肪率は20〜24・9％**と言われていますから、体脂肪率がこの範囲内に収まるように維持しましょう。

肥満にならない食生活は、体重維持だけでなく健康も守る

本書の目的は下腹を凹ませることです。おそらくスタイルが気になるという方が手に取っていると思います。しかし、私が医師として食事改善をお勧めする理由は、スタイルをよくするためだけではありません。

医学的に見ると**内臓脂肪が増えた「内臓肥満」の状態というのは実に深刻**です。

かつて、内臓脂肪は余ったエネルギーの一時的な貯蔵庫のみと考えられてきました。しかし、近年の研究により、内臓脂肪からはさまざまな物質が分泌されていて、内臓脂肪が増えるとその分泌物のバランスが崩れ、生活習慣病が引き起こされることがわかってきたのです。

たとえば、内臓脂肪から分泌される物質に「アディポネクチン」というホルモンがあります。糖尿病やある種のがんの予防、動脈硬化の改善、血圧を下げるなどの作用だけでなく、筋肉で脂肪の代謝を活発にして中性脂肪を下げるなど、さまざまな働き

があり、このアディポネクチンが高い人に長生きする人が多いため「長寿ホルモン」とも言われています。

しかし、太って内臓脂肪が増えれば増えるほどアディポネクチンの分泌量は減り、逆に悪玉物質が分泌されて、結果的に**高血圧症、糖尿病、高脂血症などの生活習慣病のリスク**が高まっていきます。

乳がん、子宮体がん、大腸がん、心臓疾患、膝関節炎、腰痛症、痛風なども、肥満を放置したままでいるとなりやすいと言われる病気です。中には命の危険がある病気も含まれます。**ウエストの太さと内臓脂肪の量は比例する**と言われているので、ウエストが太くなってきたな……と思ったら、内臓肥満に注意してください。

今ついている内臓脂肪を減らしたり、増やさないようにするために食生活を見直すことは、病気にならない健康的なライフスタイルをつくるためにも重要です。

これまで続けてきた習慣をいきなり変えるのは難しいと感じるかもしれませんが、一度にすべてを変える必要はありません。

まずはできることから始めればいいのです。

流行《はや》りのダイエット法に踊らされない
オーダーメイドの食事改善で

痩せるための食習慣改善として一番に思いつくのは食事制限です。食事制限は、ダイエット経験のある人のほとんどが経験しているのではないでしょうか。

確かに適切に食事制限を取り入れることができれば効果も見込めるでしょう。しかし、その方法が間違っていたとしたら、ストレスをため込んでリバウンドを繰り返し、結果的に雪だるま式に体脂肪が蓄積するという悪循環につながりかねません。

たとえば、いまやダイエット法の王道として知られる糖質制限。

米などの主食や糖質の多い食べ物を避け、肉や魚などのタンパク質を中心にしたおかずを食べるというダイエット法です。ストレスで糖質の多いお菓子ばかり食べてしまう人にとっては適しているかもしれませんが、脂質のとり過ぎで太っている人にとっては、脂質の多い肉を制限なく食べられるこのダイエットには何の効果もありません。コレステロールの高い人も要注意のダイエット法です。

糖質制限のように特定の食品だけを抜いたり、または食事の代わりに同じ食品ばかりを食べ続けるようなダイエットは、長く続けようとすると体に不具合が出てくることもあり、当然、長続きせず、途中で挫折します。

ダイエットをやるなら、**これは長く続けられるかどうか**ということも重要です。

万人に共通して結果が出るダイエット法はありません。誰かがそのダイエット法で成功したからいいとか、今流行っているから飛びつくということではなく、いつでも自分自身を目安にして、どれが自分に合ったやり方なのか見極め、結果が出なければ合ったものに変えていく柔軟性も必要です。

人によって顔や性格、体質が違うように、結果の出るダイエットも人によって違います。**ダイエットはオーダーメイドが正解**なのです。

そのためにも、どうして自分には必要以上の体脂肪がついているのか、まずは原因を見極めることから始めましょう。

「食事日記」で太った原因が浮き彫りになる

オーダーメイドのダイエットを行うために、私のクリニックではダイエット指導の前に、まずは食事日記を書いてもらいます。それをもとにその人の食習慣の問題点を探り、太った原因を見つけるのです。

私が患者さんのダイエット指導を通して感じたのは、「食べていないのに太るんです！」と言う人がすごく多いこと。

食べていないなら太るはずはありません。

でも、食事日記を見ると、実は食べていたことがわかります。そういう人は、確かに食事はすごく制限しているのですが、食事を削った分、間食をしていることが多いのです。

本来であれば「間食」は、毎日3食きちんと食事をしていれば食べる必要がありません。でも、休憩中など、ちょっと気がゆるんだ隙につい手が出てしまうようです。

人間は、努力したことはすごくよく覚えているものなので、食事を制限しているという努力は脳裏に刻まれています。しかし、間食というゆるんだところはつい忘れてしまうのです。

同じように、「ものすごく運動しているけど痩せません」という人も、「運動したからちょっとぐらい食べても大丈夫だろう」と運動していることを免罪符にして、食べていることは忘れてしまいます。

食事日記をつけると、**自分が忘れていただけで、実は何かを余計に食べていた**ということがわかります。

自分の体を太らせていた原因が浮き彫りになるだけでなく、その人の食に対する嗜好《しこう》や生活パターンまでもが如実に現れるのです。

ほとんどの人は、自分の食事日記を見て、「知らないうちにこんなに食べていたんだ！」と、自分の食べた量のすごさに驚かれます。

食べていないと思っていても、よくよく探ってみれば、太った原因がどこかに潜んでいるものなのです。

食事日記には「ありのまま」を正直に書く

食事日記をつけるのは難しいことではありません。1週間のうち、平日と週末から合計3日間を選び、ただ正直にありのまま、食事だけでなく、飲み物からおやつまで、口にしたものすべてを書くだけです。

証拠が残るからといって食事を控えるのもNGです。

書く項目は次の通りです。

【時刻】食べた時間を記入します。

【献立】朝・昼・夜のメニューと、間食で口にしたものもすべて書き出します。

【量の目安】ご飯茶碗《ちゃわん》に軽く1杯、クッキー1枚など、わかる範囲で詳細に。

【どこで何をしながら】居間でテレビを見ながら、同僚と話しながらなど。

【どんな気分で】食べたときは疲れていた、イライラしていたなど状況を書きます。

【空腹感】空腹感があって食べたときは「＋」、ないのに食べたときは「－」。

平日の食事日記の記入例

ある平日の食事日記の記入例です。日付なども書き入れ、3日間に渡り、口にしたものは飴玉1つでも書き漏らさず詳細に記録してください。

時刻	献立	量の目安（具体的に）	どこで何をしながら	どんな気分で／空腹感（あり +/ なし－）
7:00	ご飯 納豆 アジの開き干し 大根おろし 豆腐の味噌汁 ブラックコーヒー	茶碗に軽く1杯 1パック 1尾 5g程度 お椀に1杯 カップ1杯	ダイニングでテレビを見ながら	朝イチで母とけんかしたので、怒りでムカムカしながら /+
8:30	のど飴	1個	電車で通勤中	車内が乾燥気味でのどがイガイガして /－
10:15	煎茶	湯呑み1杯	会社で会議中に	会議が白熱し無意識に飲み干した /－
12:00	たぬきそば	1杯	会社の近くの蕎麦屋	後輩を励ましながら少し急ぎ気味で /+
13:20	煎茶	湯呑み1杯	会社の応接室で	取引先の方と打ち合わせをしながら、手持ち無沙汰で /－
15:00	マドレーヌ ブラックコーヒー	1個 カップ1杯	会社のデスク	取引先の方からのいただきもので、仕方なく /－
18:00	カフェラテ	トールサイズ	地元のカフェで	飲み会までの時間つぶしで /+
19:00	唐揚げ 枝豆 アボカドサラダ 刺身 だし巻き卵 焼うどん ビール	2個 6個 小皿に小盛り 3切れ 1切れ 3口程度 ジョッキ3杯	地元の居酒屋で	地元の友達と久しぶりに会い楽しく飲む /+
22:30	アイスクリーム	カップ1個（250ml）	居間で	酔い覚ましも兼ね、風呂上がりに上機嫌で /－

食事日記から自分の食習慣の問題点を洗い出す

食事日記は書いただけでなく、書いたあとに自分の食生活の問題点を洗い出さなければなりません。私が患者さんの食事日記をチェックする場合、まず注目するのは**何をどれくらい食べているか、どれくらい間食しているか**です。女性の場合は圧倒的に間食が多いので、減らしてもらうようにします。

献立を見ればだいたいの食材が想像できるので、**栄養バランスがとれているかどうか**もチェックします。炭水化物をとり過ぎているなら減らし、脂肪が多ければちょうどいい量に調整してもらいます。

ほかに肉・魚のようなタンパク質や野菜が少ないという人も意外と多いので、基本となる栄養素がバランスよくとれているかも注目すべきポイントです。糖質制限が流行っているから意外に思われるかもしれませんが、特に女性は年齢にかかわらず、タンパク質をとらずに炭水化物や甘いお菓子をとる人が多いようです。一方、ダイエットのために、肉を意図的に避ける人もいますし、魚は調理や食べるのが面倒という人もいます。

また、どこで、どんな気分で食べたか、空腹感があったかなかったかなどを書くことで、「イライラすると甘いものを食べてしまう」「退屈するとお腹が空いてなくても食べてしまう」「居間に食べ物が置いてあって、つい手が出てしまう」などの傾向もわかるので、しっかり自己分析しましょう。

以下にチェックポイントを挙げました。改善方法を掲載したページも示しましたので参考にしてください。

○食事のリズムが不規則↓１２０～１２５ページ
○食べる量が多い↓１２６～１３７ページ
○炭水化物や糖質が多い↓１３８～１４１ページ
○栄養バランスの偏り↓１４２～１４９ページ
○間食が多い↓１５０～１５３ページ

食習慣の改善策

1

朝食をとる

食事のリズムが不規則

朝日を浴びて朝食を食べれば代謝も活性化

「痩せるために朝食は抜いています」という人がいますが、これは大きな間違いです。朝食を抜いても痩せません。むしろ、食べたほうが痩せやすくなります。

私の専門は糖尿病ですが、糖尿病と食習慣は切っても切れない関係にあります。栄養学を学ぶことは避けては通れないのですが、最近、その栄養学に「時間栄養学」という新たな概念が加わりました。

時間栄養学とは、そもそもの栄養学である「何をどれだけ食べるか」に加えて、「いつ食べるか」という食べる時間の概念を考慮したものです。学んでみると「なるほど」と思うことも多く、ダイエットにも取り入れられそうなことがたくさんあります。この学問を応用することで、糖尿病をはじめとする生活習慣病の治療にも役立てようという研究も徐々に進められているところです。

この時間栄養学によって、人間は、朝日を浴びて朝食を食べることで「体を正しい生体リズムに整えている」ということがわかりました。

生体リズムが乱れると体内で代謝がうまくいかなくなり、エネルギーが適切に使われないため、太りやすくなります。しかし、朝日を浴びて朝食をとると、**狂っていた生体リズムがリセットされて、大脳、消化器官、肝臓などの働きもよくなり代謝も活性化**するのです。

寝坊して、その日はたまたま朝食を食べられなかったという日が月に1～2回程度あっても何も問題はありませんが、朝食も食べずにランチをガッツリ食べてしまうのは大問題。空腹の状態が長いと脂肪の合成が盛んになり、肥満のもととなります。**食事は1日3食が基本**です。**朝食のあとは昼食を1日のメインにして、夕食は軽めにする**というバランスにできると理想的。

普段から朝食を食べていないという人は、朝起きたら何かをお腹に入れる習慣をつくりましょう。起きてすぐに食事をとることに慣れていなければ、最初はヨーグルト（できれば無糖のもの）やバナナなど、軽いもので構いません。

食習慣の改善策 2

食事のリズムが不規則

長時間空腹状態をつくらない

空腹の時間が長いと、太りやすい状況に

人間の体は、食べ過ぎを予防するより、飢餓のときにどうやって生き延びるかという危機管理を前提としたメカニズムになっています。

すでにお伝えした通り、空腹の状態を長く続けたあとに食べたものは、次の飢餓に備えて体の中に脂肪として蓄えようとします。

つまり、**食事と食事の時間が長く空くことで脂肪の合成が活発になり、太りやすい状況になる**ということです。

空腹の時間は、適正の食間である4～6時間を守るのがいいでしょう。

短期間の断食をして余分な体脂肪を燃焼させる「ファスティング」と呼ばれるダイエット法がありますが、この理論で言うと**ファスティングは太りやすい状況をつくってしまう**ということになります。

私の患者さんにも断食道場へ行ったことがあるという方がいらっしゃいますが、断食したあとは3〜4kg痩せるそうです。しかし、半年ほど経つと元の木阿弥《もくあみ》。体重はすっかり元に戻ってしまいます。結局リバウンドしてしまい、無駄な努力になりかねません。

食べ過ぎの解消に週末だけファスティングをしたり、痩せたいという意識を高めて、ダイエットのきっかけにするのならいいと思います。

また、長時間空腹を続けるような過激なダイエットをすると、体の中の水分量を減らしてしまい脱水状態になります。

脱水状態になると血液が固まりやすくなって血管が詰まり、軽い脳梗塞を引き起こす恐れがあります。

私のクリニックに来る30〜40代の女性の患者さんの中で、過激なダイエットを繰り返してきた人は、脳のMRIを撮ると小さい脳梗塞を起こした痕跡が見つかることもあります。食べない過激なダイエットは、それくらい危険なのです。

食習慣の改善策
3

食事のリズムが不規則

眠る直前に食べない

就寝前は脂肪を合成をする遺伝子の働きが盛んに

生体リズムを乱さず代謝を活発にするためには、**朝食から夕食までは12時間以内に収める**のが理想です。

つまり、朝8時に朝食を食べたら、夕食は夜8時までに済ませるのです。

だいたいの人が、活動時間帯に当てはまると思いますが、このタイムテーブルなら食べた分のカロリーは活動中に消費できます。

夕食を済ませてその日の活動を終えたら、その後は朝食までもう食べない、というのが太りにくい食習慣です。

できれば**夕食は眠る3時間前まで**に済ませたほうがいいでしょう。

なぜならば、夜10時以降から深夜2時頃までは、脂肪を合成する遺伝子「BMAL1（ビーマルワン）」の働きが盛んになり、食べたものが脂肪になりやすいからです。

そのうえ、就寝中はカロリーの消費も少なくなります。眠る直前に食べたものはそのまま脂肪になると考えてください。夜中にお茶漬けなどの夜食を食べたり、飲んだあとに締めのラーメンを食べてしまうと、それはあっという間に内臓脂肪に変わります。もっとも太りやすい食習慣と言えるでしょう。

また、夜食を食べてしまったら、寝る時間を3時間遅らせたら大丈夫ということにはなりません。起きていたところで食べた分のカロリーをすべて消費できるわけではありませんし、睡眠不足はストレスも招きます。

結局のところ、夜食は食べないようにするしかないのです。

もし残業などで帰宅が遅くなり、眠る直前に食事をとるようなことになりそうな場合は、脂肪のもとになる炭水化物の摂取量を減らすか、思い切って抜いてしまいましょう。その代わりに、夕方6～7時頃に職場のデスクや外出先で、手軽に食べられるおにぎりを間食代わりに食べておくのです。帰宅後はおかずのみを食べます。

これなら長時間空腹の時間をつくることもなく、眠る直前に炭水化物をとらなくても済むので余計な内臓脂肪も増やしません。

食習慣の改善策 4

食べる量が多い

お腹が空いてから食べる

本当に食べたいか、自分と対話を

食事を食べ過ぎてしまう人は、食欲がコントロールできていないということです。お腹がいっぱいでも、もう少し食べよう、もうひと口だけ……と、ついついたくさん食べてしまいます。

こういう人は、いつも胃に何かが入っている状態なので「お腹が空いた」という感覚がよくわからなくなっています。当然、満腹感も麻痺《まひ》しているため、「もうお腹いっぱい！」という状態も実感しにくいのです。

満腹感が麻痺している人は、おやつを食べ過ぎていたり、「デザートは別腹」と言って食べてしまったりしがちです。もし、そうなったらワンクッション置いてみましょう。そして、それが本当に食べたいものなのかどうか、自分と対話してみてください。

だいたいは口寂しいだけだったり、ほかの人が食べていたスイーツがおいしそうだったからなど、特に食べたいわけではなかったことに気づけます。

また、**ついつい食べ過ぎてしまうという人は、早食いであることが多い**ようです。**脳の満腹中枢が満腹感を知らせるのは食事を始めてから約20分後**なので、20分以内で食べ終わってしまうと、脳が「お腹いっぱい」のシグナルを出す前なので、「まだ食べられる！」と、あれこれ余計に食べてしまうというのが、食べ過ぎのメカニズム。

一緒に食事をしている人がいるなら、ほかの人にペースを合わせ、「1回で口に運ぶ量を減らす」「箸やスプーンを置いて会話を楽しむ」「水やお茶などを飲む」など、できるだけ時間稼ぎをしてみましょう。

この方法なら、ゆっくり食べることを心がけるだけなので、食事の量を減らす必要もなく、面倒なカロリー計算や栄養素の知識も必要ありません。今すぐ実践できるいい食習慣です。

また、空腹の時間は脂肪を燃焼させるチャンスです。間食は極力控えて、食事の間隔は適正の食間である4〜6時間を守るとお腹が空いた感覚もわかります。

食習慣の改善策 5

食べる量が多い

よく噛んでゆっくり食べる

ひと口10回噛むだけで、食事の時間は5倍に延びる

早食いや食べ過ぎを防ぐ方法はまだあります。

それは、ゆっくりよく噛んで食べることです。

「そんなの知ってる」と言う前に、自分の食事を振り返ってみてください。意外とできていないものです。健康番組などでは「ひと口30回」が推奨される場合がありますが、そこまで噛むと顎関節症になってしまうので、私のクリニックでは「ひと口10回」という指導をしています。

単純計算で、これまで**ひと口を2回噛んで飲み込んでいた人が10回に増やすだけで、食事の時間が5倍に延びる**のです！

また、「ひと口30回」をいざ実行しようとすると、噛んでいる間に口の中の食べ物はなくなり、食べ物を味わうというよりトレーニングのようになってしまいますが、

10回程度であれば食事も楽しめます。

今までは口に入れたらすぐ飲み込んでいたという人は、最初は無理をせず、「ひと口5回」くらいから始めてみてください。噛んでいる間は箸を置いて、もぐもぐ口を動かし、しっかり味わいましょう。

ちゃんと噛むという習慣を身につけるために、よく噛まないと飲み込めない食材や、食べるのに時間がかかるなど、咀嚼《そしゃく》の必要があるメニューを選ぶのも一つのアイデアです。

たとえば、肉料理ならハンバーグよりもステーキ、魚料理なら煮魚より焼き魚、お惣菜《そうざい》ならひじき煮よりゴボウやレンコンのきんぴらを選びます。

また主食に関しては、うどんやラーメンなどの麺類はツルツルとのど越しがよく、噛まずに飲み込んでしまう傾向があるので、よく噛むクセがつくまでは、できればご飯を選んだほうがいいでしょう。

雑穀米や玄米は、プチプチとした食感で噛みごたえがあり、ミネラルや食物繊維も豊富で栄養価も高いため、白米よりもお勧めです。

食習慣の改善策 6

食べる量が多い

食べ残す習慣をつける

食べ残すことに罪悪感や抵抗感をなくす

子供の頃に「出されたものは残さず食べる」というしつけを受けた人は、それが習慣化しています。たとえ満腹になっても「残したら作ってくれた人に申し訳ない」「行儀が悪い」と、無理して胃袋に押し込んでしまうこともあるのではないでしょうか。そういう人は、外食でも、食べ残すことに抵抗があったり、罪悪感を持ってしまうものです。

長年、刷り込まれた習慣をいきなり変えるのは、なかなか難しいことですが、どうぞそこは柔軟になって、「ちょっと多いかな」と思ったときは堂々と残してください。

私のクリニックでは、**外食こそ食べ残す**ことを推奨しています。

外食は自宅でとる食事より、量も多くカロリーも高めです。店側は、お客さんの満足度を高めるためにハイカロリーな食材を惜しまず使っているのです。出されたものをすべて食べていたら、明らかに栄養過多、食べ過ぎです。

その対策として**食べ始める前に残す分を取り分けておく、好きな料理は最後までとっておかずに食事の前半に食べる**という食べ方もおすすめです。

また、定食などで提供されるライスは、かなり量が多めです。残すことに抵抗を感じるようなら、オーダーするときに「ライスは半分くらいにしてください」と頼んでみましょう。

フライなど、揚げ物の衣が気になるようなら、外して食べたって構いません。お行儀よりも、内臓脂肪をため込まないことのほうが大事です。

お皿にちょっとでも残っていると「もったいない！」と、箸がのびてしまうクセがある人や、子供の残飯整理をしてしまう人は、そのひと口を食べたことで脂肪がついて、健康を害したり、今着ている服が着られなくなるほうがもったいないと思うようにしましょう。

ちょっと着眼点を変えるだけで、食べ残すことに罪悪感や抵抗がなくなるのではないでしょうか。

食習慣の改善策

7

食べる量が多い

ながら食いをしない

食事をちゃんと楽しみ、味わいながら食べる習慣を

最近、カフェやレストランに行くと、一人で来ている人はだいたいスマートフォンの画面にかじりついたまま食事をしています。時には、二人で食事をしているのに、話もせずにお互いスマートフォンを見ているという光景すら見かけます。

こうした「ながら食い」はマナー違反というだけでなく、「ちゃんと食事をした」という脳の満足感が得られず、食後数時間でまた何かを食べたくなる悪循環を招いたり、気づけば食べ過ぎになっているということが起こります。

食事中だけではありません。休日に、夜遅くまでインターネットサーフィンをしながら、動画サイトを見ながら、スナック菓子を食べてしまう習慣も危険です。

こういうときは、意識のほとんどがパソコンやタブレットの画面に向いているため、「食べている」という意識はほとんどありません。

でも、手だけは無意識にスナック菓子の袋に伸び、気づけばひと袋すべてを食べきっていたりするのです。

何かをしながら**うわの空で食べているときは、血糖値が十分に上がって、満腹中枢からの満腹の知らせが届いても、それに気づくことができません。**

食事の時間は一人でも二人以上でも、食事をゆっくり楽しみ、何かを食べるときは、**ちゃんと味わいながら、食べているものに集中**しましょう。

特に人目のある公共の場所で食事をしている最中は、「ながら食い」は美しいとは言えません。

スタイルを気にして、下腹ぽっこりを直したいというのであれば、一人の外食中も猫背でスマートフォンを見ながら食べるのではなく、姿勢を正して美しく優雅に食事を楽しむほうが美意識も格段に上がります。

自宅では、食器をお気に入りのものにしたり、ランチョンマットにこだわるなどダイニングを整えて、食べる場所を「食べることに集中できる場所」に変えてしまうのも一つの手段です。

食習慣の改善策 8

食べる量が多い

食事の前に汁物を飲む

汁物は食べ過ぎ、早食い防止の救世主

味噌汁やスープなど、食事のときに必ず**汁物を一緒に食べている人には肥満が少ないらしい**、というデータがあります。

食事のときに汁物を一品食べるだけでダイエットになるなら「やってみようかな」と思えるのではないでしょうか?

確かに、汁物を先に食べればお腹がふくれるので、食べ過ぎを防ぐことができます。しかも、汁物はたいてい熱々で出てきますから、どんなに早食いの人でも、熱い汁物を一気に飲むことはできません。

必然的に食事のペースもスローになります。

さらに、外食のときに汁物を食べようとすると、だいたいは定食スタイルになります。栄養バランス的にもプラスの要素が大きそうです。

自炊しているなら、味噌汁でもスープでも、**汁物を作る場合は野菜をたっぷり入れて、具だくさん**にしましょう。野菜の摂取量も増えて、栄養価も高まり、立派なおかずになります。

野菜の栄養素は、水に入れると溶け出すものもありますが、汁物ならば、溶け出したその成分までも汁ごといただけます。

また、野菜たっぷりなら食物繊維もとれて、便秘の改善にもなり、いいことずくめです。

私は味噌汁に納豆を加えた納豆汁が好きで、自宅でもよく食卓に並びます。

実は納豆をご飯にかけて普通に食べるよりも、納豆汁にしたほうが好きなくらいです。しかも、満腹感もあるので食べ過ぎ防止にもちょうどいいのです。

もし、外食などで汁物を頼むのが難しいようなら、食事をする前に、テーブルに置かれた水を1杯飲み干してみましょう。多少なりとも胃がふくらみ、汁物を食べたときと同様の効果が望めます。ぜひ試してみてください。

食習慣の改善策

9

食べる量が多い

うま味を活用して食欲を抑える

合わせだしにするだけで、満足感が倍増

食べ過ぎ防止に汁物をおすすめしたい理由がもう一つあります。

味噌汁やお吸い物などの汁物にはだしが使われていますが、このだしに含まれる**うま味成分を口にすることで、少量でも満足感を得られる**ことが近年の研究でわかっています。

代表的なうま味成分として知られているのは、昆布に含まれるグルタミン酸、カツオに含まれるイノシン酸、干し椎茸に含まれるグアニル酸などですが、これらの異なったうま味成分を組み合わせると、相乗効果が生まれ、最大で7～8倍にうま味が増大します。そして、さらに満足感も得やすくなるそうです。

たとえば、麺類のだしなどにも使われる、昆布とかつお節の合わせだしがありますが、このような合わせだしのほうが、満足感も倍増し、食べ過ぎ防止にもより効果的

なのです。

また、だしを使うことにより、糖分や油脂類を控えてもおいしく食べられるレシピになります。

特に注目したいのはかつお節です。かつお節の原材料であるカツオの中には、「ヒスチジン」というアミノ酸が多く含まれています。

このヒスチジンは人間の体内に入ると、脳内でヒスタミンという物質に変化します。**ヒスタミンには満腹中枢に作用する食欲抑制効果と、交感神経を刺激して、脂肪燃焼を促進する効果がある**ため、大食いを防ぎダイエットの手助けにもなるのです。

とはいえ、かつお節を大量に摂取すればいいというものではありません。ヒスタミンは人によってはじんましんを引き起こすことがあり、魚のヒスタミンによる食中毒などもあります。

これはアレルギー体質の人だけではなく、誰にでも起こる可能性があります。しかし、だしなどから摂取する程度であれば、問題ありません。

食習慣の改善策

10

炭水化物や糖質が多い
主食は「抜く」ではなく「減らす」

糖質オフによるデメリットも考えてバランスよく

食事から、ご飯、パン、麺類などの炭水化物を抜く糖質制限がダイエットの王道となって久しいですが、太古の昔からお米が主食の食事をしてきた日本人にとっては、あまり向いているとは言えないダイエット法です。

糖質は脂肪のもとなので、真面目に糖質制限に取り組めば絶対に痩せます。

しかし、**主食を抜くと、満腹感が得られず腹持ちも悪いので、ストレスがたまりやすく、長く続けるのには不向き**です。

また、せっかく主食を抜いても、我慢できずに間食をしてしまったら、元も子もありません。ましてやお菓子を食べたいがために主食を抜くのは、絶対にやってはいけないダイエットです。

むしろ、厳しく糖質を制限をしたり、糖質制限自体を長期間続けるのは危険です。

糖質は人間の体を維持するうえで、絶対に欠かせない三大栄養素の一つです。脳の唯一の栄養分でもあり、すぐにエネルギーに変わるため、体を動かすパワーの源とも言えます。

もし、この糖質をまったくとらなくなったとしたら、エネルギー不足で体力がなくなるだけでなく、脳の働きも悪くなるので、記憶力なども低下します。

さらに、糖質を制限した分、タンパク質と脂質が増えるので、栄養バランスが崩れます。

これはある病院で糖質制限を指導された肉好きの男性の話です。糖質制限をしていれば、好きなものを何でも食べていいと、ここぞとばかりステーキをじゃんじゃん食べていたのです。その結果、脂質のとり過ぎでコレステロール値がドーンと上がってしまいました。

長期間糖質制限をしている人に心臓病が多いという報告がありますが、この男性のようにコレステロール値が上がってしまった結果ではないかと推測しています。

ゆるやかな糖質制限ならいいのですが、やりすぎは厳禁です。

食習慣の改善策

11

炭水化物や糖質が多い

粉物は2食続けて食べない

粉物は、食べた量が把握しにくく食べ過ぎになる

粉物とは小麦粉でできたもの。パン、うどん、ラーメン、パスタ、ピザなどご飯以外の炭水化物のことです。

ダイエット指導を行っていると、中性脂肪値の高い人の食事日記には、こういったものがよく登場します。特に女性はパンやパスタが大好きな人が多いようです。好きな食べ物は、無意識に選んでしまうので、気がつくと朝から晩まで粉物ばかりという偏った食生活に陥っている恐れがあります。

小麦粉を主原料としたものは、食べた量が把握しにくく、ご飯を食べているときよりも炭水化物の摂取量が増えてしまいがちです。しかも、**単品メニューが多く、栄養のバランスが悪い**ということもデメリットです。

そうならないように、粉物は「2食続けて食べない」と、マイルールを作ってしま

いましょう。2食続けて食べなければ、必然的に主食はお米と粉物のバランスがとれて、栄養の偏りも少しは改善されます。

まるで粉物が悪者のように感じてしまうかもしれませんね。小麦製品とお米、どちらが悪いということではありません。

それに伴うおかずとの組み合わせが問題なのです。

パンにジャムやバターを塗れば、糖質と脂質が増えます。おかずがベーコンエッグやソーセージならカロリーも高くなります。お米だったら納豆と魚で食べられますから、ヘルシーな組み合わせになります。

大事なのは組み合わせです。

パンやパスタには**必ずサラダなどの野菜やスープを1～2品プラス**する。うどんや蕎麦《そば》、ラーメンなら、けんちんうどんやタンメンなど、**野菜がたっぷりとれるメニューを選んで食べる**ようにします。

くれぐれもラーメンライスなど、炭水化物をダブルで注文するのはやめましょう。

食習慣の改善策

12

栄養バランスの偏り

目で見てわかる脂身は食べない

脂肪を食べ過ぎていると、中毒になるリスクも

内臓脂肪をつけたくないという人にとって、脂肪はカロリーが高く食べ過ぎ厳禁の食材です。

人間の五感の一つ、味覚で感じられる基本の味は甘味、酸味、塩味、苦味、うま味です。では、脂肪の味は何だと思いますか?

最近、九州大学の研究でわかったことですが、脂肪のおいしさはこの5つのどれにも属さない、脂肪味という独立した味覚で感じています。

ところが、脂肪味は脂肪をとり過ぎていると鈍くなってしまいます。

そうなると、脂肪のおいしさを感じるために、脂肪の摂取量がどんどん増えてくる中毒症状が起きます。タバコや麻薬、アルコールを摂取したときと同じように、脳の中の「脳内報酬系」というところに脂肪が作用して快感ホルモンが分泌されてしまう

ために、この中毒症状が起こるのです。

マウスを使った実験でも、マウスに脂肪を与え続けると、どんどん脂肪を欲するようになり、脂肪が出てくるボタンを押し続けてしまうという結果が出ています。

もし、「自分が脂肪中毒かもしれない」と思い当たる場合には、**2週間、脂肪の摂取量を減らす**ようにしてみましょう。すると、脂肪味は再び敏感になっていきます。

体の中で悪さをするのは、常温で固まる脂肪です。たとえば、脂身たっぷりの豚のバラ肉で作った角煮を思い浮かべてください。温かいうちは美味しそうですが、冷めてくると煮汁の上に脂の白い膜が固まってきます。これが体の中で悪さをするコレステロールの原料です。目で見てわかる脂肪は取り除いて食べましょう。

脂肪断ちをしている間に脂肪の誘惑があれば、体内や血液の中で、脂が白く固まるところを想像しましょう。食べたい気持ちが失せるでしょう。

また、玄米の栄養成分である「ガンマオリザノール」が脂肪中毒で損傷した脳細胞を修復するという研究結果もあります。ミネラルや食物繊維が豊富な玄米を食べて、脂肪中毒を治すのも一つの方法でしょう。

食習慣の改善策

13

栄養バランスの偏り

おやつを食事代わりにしない

栄養が偏ると太りやすい状態に

患者さんの食事日記を見ていると、朝食にメロンパン、昼食にあんぱんなど、甘い菓子パンを食事代わりにしている人が意外と多いことに気がつきます。そのほか、ケーキやスナック菓子などを食事の代わりにしている人も見受けられます。

これは、若い一人暮らしの女性によく見られる傾向なのですが、理由を聞いてみると自分一人のために一食分の食事を作るのが面倒なのだそうです。

菓子パンなどのおやつを食べても、食事をしたという満足感は得られませんし、あっという間に食べ終わってしまうにもかかわらず脂肪分や糖分が多く、食事以上にカロリーをとってしまいがちです。なんと、**甘い菓子パン1個で300〜400キロカロリー**もあるのです。それにもかかわらず、体をつくる源であるタンパク質や鉄分、ビタミン、カルシウムなどのミネラルはまったく足りません。

これではつけるべき筋肉の原料となるタンパク質が不足する一方で、脂肪のもとになる脂質や糖質が多いので、肥満のリスクがぐっと上がってしまいます。鉄分不足のため貧血になったり、肌や髪のツヤが失われることも。カルシウムが不足すると、将来、骨粗鬆症《こつそしょう》になる危険性もあります。

食事からとった栄養素は、お互いを補完しあいながら体内で働くため、体内に取り込まれる栄養素が偏ると、脳は体に必要なそのほかの栄養素を補給しようと「もっと食べろ」という信号を送ります。

すると、カロリーは結構とっているにもかかわらず、さらに何かを食べたくなります。つまり、太りやすい環境がどんどん整っていくのです。

このような生活を続けている人は、体重は増えていなくても、体内で**筋肉が脂肪に置き換わっている**可能性があります。

健康のために推奨されている「1日30品目を食べる」のは無理だとしても、今は便利なお惣菜をどこでも買うことができますし、外食するにしても、できれば定食など、食事らしいものを食べるようにしたほうが賢明です。

食習慣の改善策 14

栄養バランスの偏り

同じものばかり食べ続けない

ダイエットにとって不可欠なのは栄養バランス

最近マスコミで、ダイエットに役立つ成分を持つ食べ物など、多くの食べ物の栄養効果が取り上げられています。

とり過ぎた脂肪や糖分の吸収を抑制する効果があると言われるにがり、カロリーゼロで腸を整えて便秘を解消する寒天、余分な脂肪や糖分を排出するというきな粉、体を温めて新陳代謝を活発にする生姜などがその代表です。

テレビのダイエット特集で紹介されると、その食品がスーパーの棚から消えるといった現象も珍しくありません。しかし、動物実験などでは効果が確認されているかもしれませんが、日常の食事でとる量を食べたくらいでは、大きな変化がないものが大半を占めていると言わざるを得ません。

だからと言って、その食べ物ばかりを大量に食べ続ければ、ほかの栄養をとることができなくなり、栄養バランスを崩してしまいます。

また、食事の代わりに、低カロリーの同じ食品ばかりを食べ続けるというダイエットがありますが、このような単品ダイエットはいずれ栄養失調に陥り体調を崩します。

りんごやバナナ、ゆで卵、こんにゃくなど、単品ダイエットにはいろいろなパターンがあります。確かに体重は減るでしょうが、残念ながら、それは単純に栄養不足でやつれただけなのです。長期にわたって続ければ、**免疫力の低下、貧血、脱毛、肌あれ、骨粗鬆症などの健康障害を起こす**恐れもあるでしょう。

食べるだけで痩せる食べ物なんてありません。

ダイエットにとって不可欠なのは栄養バランスです。

体の中で正常に代謝が行われるためには、いろいろな栄養素が作用しています。同じものばかり食べ続けると、何か欠けた栄養素が出てくるため、代謝は滞り、筋肉が衰え、脂肪も燃焼しにくくなるため、痩せにくい体になってしまいます。

同じものばかり食べ続けずに、ご飯も魚も肉も野菜もバランスよく、ちょうどいい量をとることで、体のシステムは正常に働くようになるのです。

食習慣の改善策

15

栄養バランスの偏り

ダイエット中の空腹は野菜で補う

1日に5色の野菜で栄養バランスを整える

肥満になる人の特徴として、「野菜嫌い」ということが挙げられます。逆に言うと、痩せたいなら野菜を食べたほうがいいということです。

「調理が面倒くさい」「高い」という人もいますが、野菜は、ビタミン、ミネラル、食物繊維が豊富で便秘も防ぎ、しかも低カロリー。これほどダイエットに最適なものはありません。ダイエット中の空腹感を補うのにもぴったりです。

生野菜なら毎食100g、両手に1杯分程度を食べられたら理想的ですが、夜は外食が多くて野菜をとりにくいというのなら、ランチタイムにコンビニなどで買える野菜のおかずを追加しましょう。私もこの方法で昼食に野菜を補っています。サラダ、煮物、おひたし、酢の物など、野菜なら何でもいいので2品選んでください。

野菜選びで迷ったときは、色の濃い野菜を選ぶようにします。

色の濃い野菜の色素や香り、アクなどには、免疫力のアップやアンチエイジングに効果的な抗酸化作用があるポリフェノールやカロテノイドなどの「フィトケミカル」が豊富に含まれます。中には、唐辛子の「カプサイシン」や生姜の「ジンゲロール」のように、体熱産生作用があり、脂肪の燃焼に効果的な成分を含む野菜もあります。

色の濃い野菜にもいろいろな種類がありますが、野菜を食べることに慣れたら、1日に5色の野菜をとるようにすると、さらに栄養バランスが整います。

【緑】小松菜、ほうれん草、ブロッコリー、ピーマン、アスパラガスなど
【赤】トマト、人参、パプリカ、ビーツ、紫玉ねぎなど
【黄】かぼちゃ、とうもろこし、玉ねぎ、黄ニラなど
【白】大根、カブ、白菜、キャベツ、カリフラワー、もやし、レタスなど
【黒】椎茸、舞茸、ごぼう、キクラゲなど

また、食事の最初に必ず何か野菜を食べる「ベジファースト」も、野菜の摂取量を増やすいい方法です。食事の最初に野菜を食べると胃がふくれて、食べ過ぎを防ぎ、また消化吸収が遅れるので、食後の急激な血糖値の上昇も抑えます。

食習慣の改善策

16

間食が多い

ニセの食欲にだまされない

なぜおやつに手がのびたのかを自己分析

仕事への集中力が切れてボーッとしているときや、なんとなく暇なとき、イライラしたとき、なぜか近くのお菓子の袋が目に入って手がのびる……。そんなことはありませんか?

食欲は脳の視床下部《ししょうかぶ》というところでコントロールされていますが、この現象は食欲とは関係なく、お腹が空いてもいないのに「ニセの空腹感」に惑わされた結果です。ストレス以外にも、おいしそうな匂いを嗅いだり、食べ物のCMを見たりすることで、空腹でもないのに食欲が喚起されるニセの空腹感状態がつくり出されます。

本物の空腹は、胃が空っぽになったことで胃から分泌されたホルモンが、視床下部に指令を送ることで生み出されますが、**ニセの空腹感は視床下部の上の大脳が生み出したまやかし**に過ぎません。

その誘惑に打ち勝つには、なぜおやつに手がのびたのかを客観的に見つめ直すことが抑止力になります。安易におやつに手を出さないように、食べ物は目につく身近な場所に置かないようにしましょう。食べたくなったら、テレビのグルメ番組を見て踊らされていないか、イライラしたり嫌なことがなかったか、ちょっと振り返ってみるのもいいでしょう。

また、おやつを食べたいと思ったら、直前に食べた食事の内容を思い出すというのもニセの空腹感にだまされない手段の一つです。

「さっき、あんなにパスタを食べてしまったし、ランチセットにはデザートもついていた。まさかお腹が空くわけがない」というふうに、自分を納得させましょう。

それでもまだ**ニセの空腹感の誘惑が続くようなら、5分程度違う行動をしてみる**といいでしょう。オフィスにいるなら、席を立ってトイレに行ったり、歯を磨いて食後の感覚を思い出すのもいいですね。この5分の間に、その場でできるストレッチやその場足踏みなどのちょっとしたエクササイズを行えば一石二鳥。ニセの空腹感なら5分間で撃退されます。

食習慣の改善策

17

間食が多い

ストレスがたまるような我慢はしない

ストレスはリバウンドや便秘のもとになる

急に食生活を変えたり、過激なダイエットをすると、それがストレスとなって爆発してしまうかもしれません。

本当は食べたいのに無理に我慢をしている。

食事に満足感がなくイライラする。

そんなときは要注意です。ストレスがたまると「もうどうでもいいや」と、やけっぱちになり暴飲暴食に走る……という逆効果につながりかねません。

特に女性は甘いものでストレスを解消するように思考回路が働きがちです。なぜストレスを感じたときに甘いものが欲しくなるのかというと、糖分を吸収すると、脳内に「セロトニン」という物質が分泌され、イライラを鎮める作用があるからです。脂肪のもととなる糖質を大量に摂取して、せっかく結果が出てきたのに見事にリバウンドをして、ダイエットを始める前より太ってしまうというのはよくある話です。食べられないストレスを抱え込むほどの急激な食習慣の変更は、心身ともによくありません。ストレスをためないようにダイエットを工夫することが大切です。

また、ダイエットが原因でなくても、ストレスは厄介なもの。仕事や人間関係でストレスを抱え込んでしまうと、そのストレス発散のために食に走るという場合が多々あります。

胃腸はストレスに弱いため便秘の原因にもなります。

特に、**間食や夜食に甘いものを食べてしまう原因はストレスにある**ことが多いようです。異常な食欲や、甘いものへの強い欲求を感じたら、「ストレスがたまっているのかも？」と疑って、早急にストレス解消をしましょう。

すぐに原因を取り除くことができなければ、入浴でリラックスしたり、ショッピングに行ったり、人と話すなど、いろいろな解消法を試してみてください。

運動をするのもストレス解消になりますよ。

食習慣の改善策

18

善玉菌が優位な腸内環境に整える

ダイエットにいい習慣は腸の健康も守る

「タイプ3　便秘やお腹にたまったガスによるぽっこり」（30〜33ページ）でも少しお伝えしましたが、便秘やガスの原因のほとんどは食生活によるものです。

胃腸を整え便秘やガスがたまるのを解消するための基本は、1日3食の規則正しい食習慣、栄養バランスのいい食事、ストレスのない生活。

これらはダイエットにいい習慣とも重なります。これまでに紹介した「食習慣の改善策」を実践することで、便秘やガスはかなり解消されるはずです。

腸内に悪玉菌が増えると腸内環境は悪くなる

便秘やガスの予防策としてさらに取り入れたいのは、腸内環境を整える食生活です。

腸内には、ヨーグルトのCMなどでもおなじみの善玉菌、悪玉菌などの腸内細菌が住んでいます。

腸内細菌についてはまだ研究段階にあり、日々新しい発見のある分野。現在はっきりとした存在がわかっているのは全体の3割に過ぎません。その中に含まれるのが善玉菌と悪玉菌と呼ばれる菌です。そのほか、解明されていない7割もの未知の菌は日《ひ》和《より》見《み》菌と呼ばれています。

これらの腸内細菌は、食べたものによりバランスが変わり、それにより腸内環境の良し悪しが左右されます。**理想的な腸内環境は善玉菌20%、悪玉菌10%、日和見菌70%。**日和見菌は善玉菌と悪玉菌の優位なほうに味方するので、悪玉菌が善玉菌より増えれば、日和見菌は悪玉菌に加勢します。その結果、腸内環境が悪くなり、臭いガスが出たり、便秘をしたりするようになります。

腸内で悪玉菌が優位になる原因は、肉などの動物性脂肪や油物の摂り過ぎ、野菜不足、運動不足にあります。これらすべては肥満の人にも見られる傾向です。

一方で、腸内で善玉菌が優位になれば、腸の働きはよくなり、消化や吸収もスムーズに行われるため、便秘も解消、臭いガスもたまらなくなります。

発酵食品と食物繊維が腸を元気にする

腸内の善玉菌を優位にするにはどうしたらいいのでしょうか。

パッと思い浮かぶのはヨーグルトを食べることでしょう。

その答えは不正解ではありませんが「△」です。

腸内で善玉菌のエサになるものを一緒に食べないと、善玉菌は増えません。そのエサとなるのが野菜に多く含まれる食物繊維です。

食物繊維には**水に溶ける水溶性食物繊維と、水に溶けない不溶性食物繊維の2種類あり、この両方をバランスよくとることで効果を発揮**します。不溶性食物繊維ばかりに偏ると、ますます便秘を悪化させてしまう可能性もあるので注意が必要です。

ちなみに、私が腸内環境対策としてお昼によく食べているのが「納豆ヨーグルト」です。プレーンのヨーグルトに納豆を入れて混ぜるだけ。最初のうちは少し醤油で味付けをしていましたが、最近は慣れたのでそのまま食べています。

味の想像がつきにくいので驚かれることもありますが、簡単ですし、これが結構おいしいんですよ。食事の前に納豆ヨーグルトを食べると満腹感も出てくるので、早食いも防げます。コレステロール対策にも抜群です。

最後に腸内環境を整えて、腸を元気にする代表的な食材を書き出しました。乳酸菌やビフィズス菌などを含むプロバイオティクス食品の中では、ぬか漬けなどの漬物類は、野菜の食物繊維も一緒にとれて一石二鳥のおかずになります。

また水溶性食物繊維のきのこ類と不溶性食物繊維のごぼうを入れ、酒粕と味噌で味付けをした汁物を作れば、プロバイオティクス食品と食物繊維を一緒にとれるメニューになります。工夫して、バランスよく食べましょう。

【プロバイオティクス食品】

○ヨーグルト、納豆、甘酒（麹から発酵させて作った砂糖を添加しないもの）、酒粕などの発酵食品

○ぬか漬け、キムチ、ザーサイ、ザワークラウトなどの漬物類

○味噌、醤油、塩麹などの発酵調味料

【食物繊維】

●水溶性食物繊維

○果物類（バナナ、リンゴ、イチゴ、柑橘類など）

○ネバネバ系の野菜（山芋、オクラ、モロヘイヤなど）

○海藻類（わかめ、ひじき、昆布、めかぶ、寒天など）

●不溶性食物繊維

○豆類（いんげん豆、大豆、ひよこ豆、小豆など）

○穀類（玄米、ライ麦、小麦、雑穀など）

○いも類（さつまいも、じゃがいも、さといもなど）

○野菜類（ごぼう、かぼちゃ、ブロッコリー、セロリなど）

●水溶性&不溶性食物繊維

○きのこ類（なめこ、椎茸、えのき、しめじ、エリンギ、キクラゲなど）

PART

4

「ぽっこり」しない
生活習慣Q&A

ファッションに関して

Q

お腹のぽっこりが気になって、
ついお腹を隠す服装になってしまいます。
ゆるっとした服と、体にぴったりした服、
下腹のぽっこり防止に適しているのはどんな服でしょうか？

A

ラクな服ばかりを着ていると、ますます下腹はぽっこりしてきます。
体にぴったりしたものを着たほうが、
姿勢もよくなり、節制する意識も出てきます。
ゴム入りのボトムスは今すぐやめましょう。

体にぴったりした服はシャキッとしていい姿勢も意識できる

ルーズな服ばかりを着始めるのは、肥満の始まりです。ゆるっとした服は、着こなしによっては着痩せして見えることもあるので、下腹ぽっこりが気になり始めた人にとってはとても都合のいい服装でしょう。

しかし、ゆるい服はサイズが変わったことにも気づきにくく、最初は気になるところをカバーするためだったのに、いつのまにかゆるい服しか着ることができないくらい脂肪がついていた！ということにもなりかねません。特に今すぐやめるべきなのは、ウエストがゴムになったボトムスです。ボタンが留まらなくなったり、ファスナーが上がらないとなれば、自分が太ったことにすぐに気づけます。速やかに食生活を見直したり、エクササイズで対応すれば、被害も最小限で済みますよね。

また、体にぴったりした服を着れば、だらしない姿勢ではいられません。自然と胸を張り、お腹にぐっと力を込めて、筋肉を使うようないい姿勢になりませんか？　美しくいようとする意識も高まるので、お腹のたるみの予防になります。

エクササイズに関して

Q

エクササイズを始めたばかりの頃は順調に筋肉もつき、
体も引き締まっている実感がありましたが、
２週間くらい経ったところで効果を感じなくなり挫折しそうです。
どうしたらいいでしょう？

A

それは「停滞期」です。
誰にでも訪れる自然な反応なので、
ヤケを起こさず、あきらめずに続けましょう。
１～２週間程度この状況に耐えれば、
また効果が実感できるようになります。

停滞期は新たに痩せていくための準備期間

停滞期は、これ以上エクササイズや食事制限の効果が現れないというデッドラインではなく、新たに痩せていくための準備期間と捉えたほうがいいでしょう。

たとえば食事制限をしていると、足りなくなったカロリー分を、ため込んだ脂肪を燃やすことでエネルギーの穴埋めをします。それがしばらく続くと、体は少ないカロリーに慣れてきて、基礎代謝や消費カロリーを減らし、体を省エネモードに切り替えるため体重が減らなくなるのです。体重計に毎日のる習慣がある人は、ここで挫折してしまうケースが多いのですが、あきらめずに継続していると、また体重が減りだします。この停滞期を短くするには、エクササイズを少しだけ増やすことが秘訣です。

また、「私は意志が弱いから続かない」と言う人がいますが、ダイエットを続けるのは、意志ではなく強い動機です。停滞期はダイエット中には何度も起こります。そのたびに、自分がダイエットを始めた動機（本気でスタイルをよくしたい、など）を思い出し、初心に戻りましょう。

サウナ&半身浴に関して

Q

サウナや半身浴がダイエットに効果的だと聞き、最近、サウナに通っています。本当に効き目はあるのでしょうか?

A

サウナは体から水分が出ているだけで、あとで水分を補給すると体重は元に戻ります。体を温めるとリラックス効果があるので、ストレス解消としてサウナに行ったり、半身浴をするのはいいでしょう。

脱水後の水分補給には、ビールやジュースではなく水を飲む

サウナにしろ半身浴にしろ、多少のカロリーを消費しますが、微々たるものです。何時間サウナに入ったり、半身浴をしても痩せることはありません。

確かに、サウナや半身浴で大量に汗をかいたあとに体重を測れば減っています。それはただ体の中の水分が出ているだけです。ダイエットで減らさなくてはならないのは脂肪なので、体の中の水分を減らしても何の意味もありません。

むしろ汗を出そうとして長時間我慢してサウナに入り続けたり、半身浴を続けたら、危険な脱水状態になってしまうこともあるのです。血液がドロドロになり、脳梗塞を起こすケースすらあります。

汗をかいたあとはのどが乾くため水分を欲しますが、そこでビールやジュースを飲めば、摂取カロリーが増えて肥満を助長します。しかし、サウナや半身浴自体は、ほどほどだとストレス解消や冷え性対策にとても効果的です。また、毎日の入浴はシャワーで済ませず、湯船に浸かることを習慣にしましょう。健康面でもお勧めです。

飲み会に関して

Q

ダイエット中でも飲み会の誘いをなかなか断れません。なんとかうまく乗り切る方法はありますか？

A

仲間が楽しく飲んでいるときに、
自分だけが食べられない状況はストレスになります。
ダイエットのことはいったん忘れ、思い切り楽しみましょう。
飲み会の翌日からの3日間は、いつも以上に食に対しての意識を高め、
節制に励めば「セーフ」です。
くれぐれも「食べ過ぎた〜」と後悔せず、
前向きに、そのときにやれることをやりましょう。

自分なりのルールを守って、ストレス発散の場に

仲間とハメを外してワイワイ騒ぐ飲み会は、とても楽しいものです。痩せないと命に危険があるなら別ですが、楽しいことを我慢してまで痩せようとするなんて、豊かな人生とは言えません。

来る日も来る日も宴会が続くというわけではないのですから、たまの飲み会はダイエット中でも断らずに、思いっきり楽しんだほうがいいのではないでしょうか。

ただし、自分なりのルールは必要です。

1日食べ過ぎの日があったら、その後の3日は節制に励む。食べ過ぎた翌日からは3日間は腹八分目を心がけ、エクササイズも欠かさずに行う。これで問題は解決します。

ダイエット中は、宴会で食べ過ぎるより、我慢したストレスのほうが響きます。その後の過食につながりかねませんので、ストレス発散を優先し、あとは節制とエクササイズあるのみです。生活にメリハリをつけ、心に余裕を持ちましょう。

遺伝に関して

Q

祖母も母も、小太りで下腹どころかお腹全体がぽっこりです。私はまだそれほどではありませんが将来が心配です。「肥満は遺伝する」というのは本当ですか？

A

遺伝が肥満に与える影響は25％程度です。この程度の遺伝の影響があったとしても、すべて肥満につながるわけではありません。祖母や母親から譲り受けるのは遺伝子だけではなく、食習慣である可能性も大きいのです。

親のフリ見てわがフリ直せば、肥満の連鎖を断ち切れる

確かに最近では肥満遺伝子がいくつも発見されていますが、いくら肥満遺伝子を持っていたとしても、その人が食べ過ぎなければ決して太ることはありません。

ちなみに、子供が肥満児になる確率は、父親だけが肥満の場合で40%、母親だけが肥満の場合で60%。父親だけが肥満しているよりも母親だけが肥満している家庭の子供のほうが20%も肥満児になる確率がアップしています。

これは肥満遺伝子よりも、母親の食習慣が子供に伝授された影響のほうが大きいと考えられます。

たとえば、母親が料理を作り過ぎる、その料理のカロリーが高い、早食いや間食のクセがある、などです。

食習慣は親子間だけではなく、友人同士にも伝わります。レストランでたくさん注文する、脂っこいものが好き、食後に必ずスイーツを食べる、など。肥満は遺伝ではなく、伝染するのです。

マッサージに関して

Q

運動が苦手なので、
痩身エステに行こうかどうか迷っています。
エステなどのマッサージで、
お腹の脂肪はもみ出せますか?

A

脂肪は体にとって必要な組織だからこそ、丈夫にできています。
マッサージでもみ出したり、
クリームを塗って溶かそうとしても
簡単に消えてなくなることはありません。

痩せる目的よりも、ストレス解消のリラックスと考える

痩身エステなどでは、リンパの流れをよくして代謝を促すとうたっているものや、脂肪をつかんでもみ出すようなものがありますが、どちらも痩身効果は期待できません。リンパマッサージは、むくみをとりますが、体の中の水分を移動させたに過ぎません。マッサージ直後にはウエストが1～2㎝凹みますが、翌日には元に戻ってしまいます。脂肪をつかんで外から刺激したところで脂肪の分解が起きることもありません。また、エステや市販の化粧品には脂肪を溶かすクリームなるものもあるようですが、体を守るという重要な役目を持っている皮下脂肪が、そんなに簡単に溶けてなくなるようでは困ります。少なくとも腹筋の下にある内臓脂肪は減らせません。

ただ、最近、マカダミアンナッツのアロマオイルで脂肪細胞が活性化して代謝がよくなる、というデータが発表されました。「痩せたい」という女性にとっては夢のある話です。マカダミアンナッツオイルで、みぞおちからお腹にかけてと、左右の肋骨に沿って下へ軽くマッサージするといいようです。

ダイエットの目安に関して

Q

体重、体脂肪、サイズ、
何を目安にダイエットをするのが正解ですか？

A

骨格や筋肉量によっても体重は左右されます。
どうしても体重に振り回されがちですが、
太っているかいないかは体脂肪率で判断するのが一番です。
体格は人によって異なるので、
他人と比べず、
自分にとっての「ベスト体重」を目安にしましょう。

ダイエットは体脂肪を目安に

体重は骨格や筋肉の量によって左右されます。身長と体重が同じでも、骨が太くて筋肉質な人と骨が細くて筋肉がついていない人では、体脂肪率が断然違います。

また、筋肉が増えて体重が増加しても、「太った」ことにはなりません。だから目安にするべきは体脂肪率なのです。

ダイエットを始めるなら体脂肪率が測れる体重計は持っていたほうがいいでしょう。家庭用の市販品は正確性には若干劣りますが、一応の目安にはなります。

体重計タイプのものは、足のほうに水分が多くなる夕方などに計測すると体脂肪率が少なく出てしまうので、手で測るタイプのものがお勧めです。

体脂肪は、測定上、水分の増減により変動するので、時間帯など、測る条件を一定にしたほうがいいでしょう。

アルコールに関して

Q

お酒が大好きで、ほぼ毎日晩酌をしてしまいます。
ダイエット中の飲酒量はどのくらいが許容範囲ですか？

A

毎日飲むことを想定した場合の許容量は次の通りです。
○ビール　ロング缶１本（５００ml）
○ワイン　グラス２杯
○日本酒　１合
○ウィスキー水割り　薄めのシングルで３杯
○焼酎　１００～１３０ml（アルコール度数によって異なる）

「適量」という条件付きで、体にいい効果もある

飲酒は適量であれば、リラックス効果もあり、ストレス解消にもプラスの作用をもたらします。

また、血管の壁などに余ったコレステロールを回収する役割を担う、善玉コレステロール（HDL）を増やす作用があり、動脈硬化も予防します。

とはいえ、飲酒を推奨しているわけではなく、あくまでも「適量なら」という条件付きです。それが右ページで紹介した量です。

お酒の種類により含まれる糖質の量が異なりますが、この量を守っている限りは糖質のとり過ぎにもならないので、ご飯などの炭水化物を普段通りに食べても大丈夫。もし、ひと晩で2日分以上の飲酒をしてしまった場合は、糖質のとり過ぎになるので、炭水化物は控えたほうがいいでしょう。

梅酒や甘いカクテル、アルコール度数の高いテキーラなどは、カロリーが高くなるのでやめましょう。

岡部 正 Tadashi Okabe

岡部クリニック院長、医学博士。慶應義塾大学医学部卒業。カナダ、カルガリー大学留学。亀田総合病院副院長を務めたのち、オーダーメイド医療を理想に、東京・銀座に岡部クリニックを設立。専門医として生活習慣病の予防と治療に長年携わる。各メディアで活躍中。日本病態栄養学会評議員、日本糖尿病学会認定専門医・指導医、日本肥満学会会員。著書に『自力でコレステロールと中性脂肪を下げる30の法則』（宝島社）などがある。

Staff

エクササイズ監修／
岡部クリニックトレーナー 松井 翔
構成・文／大橋美貴子
表紙デザイン／細山田デザイン事務所
本文デザイン／齋藤彩子
イラスト／吉濱あさこ
DTP ／アイ・ハブ
編集／入江弘子

下腹だけ、凹ませる！

2020年3月30日　第1刷発行

著　者　　岡部 正
発行人　　蓮見清一
発行所　　株式会社宝島社
〒102-8388
東京都千代田区一番町25番地
営業 03（3234）4621
編集 03（3239）0646
https://tkj.jp
印刷・製本　サンケイ総合印刷株式会社

ISBN 978-4-299-00352-2